Jason Evert

Theologie des Leibes in einer Stunde

JASON EVERT

THEOLOGIE DES LEIBES IN EINER STUNDE

Amerikanischer Ursprungsverlag: Totus Tuus Press, LLC.

Aus dem Amerikanischen übersetzt von Johanna Latzel

im Fe-Medienverlag, Hauptstr. 22,
D-88353 Kisslegg-Immenried

2. Auflage 2024

Gestaltung: Renate Geisler
Druck: mcpdruk, Polen
ISBN: 978-3-7171-1346-1
Printed in the European Community

Imprimatur der englischen Originalausgabe:
In Übereinstimmung mit dem Codex Iuris Canonici 1983 (CIC) 827 § 3 wird die Erlaubnis zur Veröffentlichung dieses Werkes hiermit erteilt.
+Thomas J. Olmsted
Bischof von Phoenix
6. November 2017

DANKSAGUNGEN

Ich bin Dr. Michael Waldstein, Christopher West, Dr. John Grabowski, Damon Owens, Bill Donaghy und Katrina Zeno zutiefst dankbar. Ich danke euch nicht nur für die Durchsicht dieses Buches und eure aufschlussreichen Empfehlungen und Verbesserungen, sondern auch für euer langjähriges, gebetsvolles Studium der Theologie des Leibes. Eure hingebungsvolle Arbeit der Darstellung der Weisheit des Heiligen Vaters war ein Segen für mich und hat wesentlich zur Entstehung dieses Werkes beigetragen. Ganz besonders möchte ich euch dafür danken, dass ihr die Theologie des Leibes lebt. Ihr seid ein Geschenk für die Kirche.

INHALT

VORWORT

Bevor er an einem Dienstagabend im Vatikan zu Bett ging, betete der heilige Papst Johannes Paul II. das Stundengebet und meditierte dabei über die folgenden Worte des heiligen Petrus: „Seid nüchtern, seid wachsam! Euer Widersacher, der Teufel, geht wie ein brüllender Löwe umher und sucht, wen er verschlingen kann."[1]

Lange nachdem die anderen in den päpstlichen Gemächern schliefen, weckte ein Geräusch seinen Sekretär, Monsignore Stanisław Dziwisz, der sein Zimmer verließ, um nachzusehen. Sein Zimmer lag direkt neben dem des Heiligen Vaters, aber er stellte fest, dass die Geräusche nicht aus dem Zimmer des Papstes kamen, sondern aus seiner Kapelle. Obwohl das späte Nachtgebet für Johannes Paul II. nicht ungewöhnlich war, warf Dziwisz einen Blick hinein, um sicher zu sein, dass alles in Ordnung war.

Der Anblick war typisch: Johannes Paul II., allein vor dem Tabernakel in Kontemplation versunken. Der Papst sprach gewöhnlich mit sehr einfachen Worten zu Gott und betete oft während der Anbetung wie Jesus in Gethsemane, als dieser mit seinem

---

1 1 Petr 5,8.

Vater sprach.[2] In dieser Nacht bemerkte Dziwisz, dass Johannes Paul II. tatsächlich beunruhigt schien. Die Unruhe, die er hörte, bestand darin, dass der Papst laut zu Gott sprach und wiederholt fragte: „*Dlaczego? Dlaczego?*" („Warum? Warum?"). Aus Ehrfurcht entfernte sich der Monsignore von der Kapelle und kehrte in sein Zimmer für die Nacht zurück.

Am nächsten Morgen feierte Johannes Paul II. die Heilige Messe, war aber beim anschließenden Frühstück ungewöhnlich zurückhaltend.

Das für den Papst typische freudige und einnehmende Auftreten gegenüber den Schwestern und Gästen war zurückhaltend. Anstatt Fragen zu stellen und sich über die endlose Vielfalt von Themen zu unterhalten, war er in sich gekehrt und zurückgezogen. Er frühstückte nicht und trank nur eine Tasse Tee.[3]

Dieser Nachmittag sollte ein wichtiger werden: Während seiner Mittwochsaudienz wollte Johannes Paul II. die Gründung zweier kirchlicher Institutionen ankündigen, die sich mit den Problemen, denen Familien in der modernen Welt gegenüberstehen, befassen sollten.[4] Eine dieser Einrichtungen,

---

2 Mieczysław Mokrzycki, Weltjugendtag Pressekonferenz, Krakau, Polen, 27.7.2016.

3 Interview mit Father Andrew Swietochowski, 31.7.2017.

4 Der Päpstliche Rat für die Familie und das Internationale Institut für Studien über Ehe und Familie.

das Päpstliche Institut für Studien zu Ehe und Familie, sollte der wichtigste Lehrpfeiler der Theologie des Leibes werden.[5]

Auf seinem Weg diese Nachricht zu verkündigen, fuhr der Heilige Vater im Papamobil über den Petersplatz. Als er Kinder segnete und die Menge begrüßte, ertönten die Schüsse eines türkischen Attentäters. Ein Krankenwagen brachte den Papst in seiner blutverschmierten Soutane ins Krankenhaus, wo er nur knapp dem Tod entging.

Hatte Gott ihm in der Nacht zuvor eine Vorahnung von seinem Leiden gegeben? Die Antwort auf diese Frage wird wahrscheinlich ein Geheimnis bleiben, das nur Johannes Paul II. kennt.

Gab es einen Zusammenhang zwischen seinem Leiden und seinen Bemühungen um den Aufbau von Ehe und Familie? Das bejahte er und sagte: „Vielleicht war dieses Blut auf dem Petersplatz, dem Ort des Martyriums der ersten Christen, nötig."[6] Er fügte hinzu: „Gerade weil die Familie bedroht ist, wird die Familie angegriffen. Also muss der Papst angegriffen werden. Der Papst muss leiden, damit die Welt sieht, dass es ein höheres Evangelium gibt,

[5] Diane Montagna, „Online Exclusive, What Johannes Paul II. Intended to Say the Day He Was Shot," Aleteia, 7.5.2016.

[6] Papst Johannes Paul II., Erinnerung und Identität. Augsburg, Weltbild Buchverlag, 2005, 204.

sozusagen das Evangelium des Leidens, mit dem die Zukunft vorbereitet wird, das dritte Jahrtausend der Familien ..."[7]

Nach der Genesung von seinen Wunden kehrte Johannes Paul II. in den Vatikan zurück und nahm seine Verkündigung von Gottes Plan für die menschliche Liebe wieder auf: die Theologie des Leibes.

---

[7] Johannes Paul II., Angelus, 29.5.1994.

EINFÜHRUNG

Während des Campens bei der Vigil am Weltjugendtag in Krakau sprach ich mit einer jungen Frau, die sich auf ihr erstes Studienjahr an einer renommierten Universität in Kalifornien vorbereitete. Sie holte ihr Handy aus dem Rucksack und zeigte mir, wo sie in ihrer Online-Bewerbung für das College das entsprechende Kästchen ankreuzen musste, um ihr Geschlecht anzugeben.

Es gab achtzehn Kästchen, aus denen sie wählen konnte.

Ich las mir die Litanei der Geschlechter durch und stellte fest, dass zwei fehlten: männlich und weiblich. (Facebook – das seine Nutzer auffordert, sich als eines von mehr als fünfzig Geschlechtern zu identifizieren – bietet zumindest die Möglichkeit, männlich oder weiblich zu wählen.)

In der Universitätsbewerbung konnten die neuen Studenten jedoch „cis-male“ oder „cis-female“ wählen, was bedeutet, dass das biologische Geschlecht, das einem bei der Geburt „zugewiesen“ wurde, mit dem Geschlecht übereinstimmt, das man für seine Identität wählt.

Während einige versuchen, die Anzahl der Geschlechter zu erweitern und ein Spektrum von Optionen zu schaffen, ist das ultimative Ziel der Gendertheorie nicht die Vielfalt. Vielfalt setzt nämlich objektive Unterschiede voraus. Das Ziel besteht darin, die sexuelle Differenz und damit die Bedeutung des Körpers zu beseitigen.

Woher kommt das? Das Zweite Vatikanische Konzil prophezeite die sexuelle Identitätskrise unserer Kultur mit den Worten: „Das Geschöpf selbst [wird] durch das Vergessen Gottes unverständlich."[8] Obwohl die Theologie des Leibes geschrieben wurde, bevor viele der modernen Ideen der Gendertheorie populär wurden, war sie ihrer Zeit voraus, indem sie eine klare Antwort auf diese und auf viele andere Schlüsselfragen zu Sexualität und Körper gibt.

[8] Gaudium et Spes, 36.

WAS IST DIE THEOLOGIE DES LEIBES?

Die Theologie des Leibes ist der Arbeitstitel von 135 Betrachtungen, die der heilige Papst Johannes Paul II. verfasst hat. Als Kardinal in Polen plante er (Karol Wojtyła) sie als Buch mit dem Titel *Als Mann und Frau schuf er sie*, zu veröffentlichen.[9] Bevor dies geschehen konnte, wurde er zum Papst gewählt, und trug den Inhalt stattdessen in 129 Mittwochsaudienzen in den ersten fünf Jahren seines Pontifikats vor.[10]

Die Tausenden von Urlaubern und Pilgern, die sich versammelten, um den Heiligen Vater bei diesen Audienzen zu sehen, ahnten nicht, dass der Biograf des Papstes die Theologie des Leibes später als eine „Art theologischer Zeitbombe, die mit dramatischen Konsequenzen irgendwann im dritten Millennium der Kirche hochgehen wird", beschreiben würde.[11]

---

[9] Andere vorgeschlagene Titel lauteten: „Die menschliche Liebe im göttlichen Heilsplan" oder „Die Erlösung des Leibes und die Sakramentalität der Ehe".

[10] Anm. d. Übers.: Die deutsche Ausgabe der Katechesen wurde schließlich mit dem folgenden Titel herausgegeben: Die menschliche Liebe im göttlichen Heilsplan. Eine Theologie des Leibes. Hrsg.: Norbert u. Renate Martin, Kisslegg, Fe-Medienverl., 2017[5]. Im Folgenden abgekürzt mit TdL.

[11] George Weigel, Zeuge der Hoffnung. Paderborn, Ferdinand Schöningh, 2011[3], 358.

Was könnte an den theologischen Reflexionen eines polnischen Bischofs über den Leib[12] so explosiv sein?

Um diese Frage zu beantworten, muss man sich vor Augen führen, wie der menschliche Leib im Laufe der Geschichte betrachtet wurde. Vor Tausenden von Jahren glaubten Gnostiker und Platoniker, dass das wahre Selbst einer Person sich von ihrem oder seinem Körper unterscheidet. Eine gnostische Sekte, die Manichäer, glaubte, dass es die Bestimmung des Menschen sei, sein geistiges Wesen von der Verunreinigung der Materie zu befreien. Da der Körper materiell war, war er nicht nur minderwertiger, sondern auch böse. Es wurde sogar als Sünde angesehen, wenn eine Frau ein Kind zur Welt brachte, weil sie damit mehr Materie ins Leben rief! Jahrhunderte später betrachtete der Puritanismus den Körper als eine Bedrohung für die Seele. Unterdessen vertrat der Philosoph René Descartes die Ansicht, die Seele sei wie ein Geist, der in einer Maschine gefangen ist.

Alle diese Ansichten über den Körper haben ein wahres Element gemeinsam: Unsere Körper und

---

[12] Anm. d. Übers.: Der Begriff *Körper* bezeichnet im Deutschen lediglich die Materie: Jedes Lebewesen hat einen Körper. Im Gegensatz dazu bezeichnet *Leib* den beseelten Körper, also die Einheit der objektiv sichtbaren Materie mit der unsichtbaren Seele.

unsere Seelen sind nicht in Harmonie. Dennoch ist der Körper im Vergleich zur Seele nicht unwichtig. Noch ist der Leib etwas, das wir „haben", oder etwas, das unsere Seele belastet. Wir sind unser Leib und unser Leib offenbart uns.

Unser gegenwärtiger Zustand ist jedoch nicht so, wie Gott uns am Anfang geschaffen hat. Der Konflikt, der im Menschen herrscht, ist das Ergebnis der Ursünde, die wir auch Erbsünde nennen.[13]

Während einige Individuen den Körper abwerteten und sich nur um die Seele kümmerten, verfielen andere in den gegenteiligen Fehler. Atheisten und materialistische Philosophen vertraten die Ansicht, dass der Mensch nichts anderes ist als sein Körper: Es gibt keine Seele und der Körper hat keine besondere Bedeutung.

Auch wenn diese Ideen wie Debatten erscheinen, die Philosophen und Theologen vorbehalten sind, sollte man bedenken, was passiert, wenn ganze Kulturen diese fehlgeleiteten Vorstellungen davon, was es bedeutet Mensch zu sein, akzeptieren. Wenn der Mensch einen Körper, aber keine geistige Dimension hat, was unterscheidet ihn dann von Tieren? Warum sollte er sich anders verhal-

---

[13] Vgl. Katechismus der Katholischen Kirche (KKK), 2516. München, Oldenbourg, 1993.

ten oder anders behandelt werden? Wenn andererseits die wahre Identität einer Person allein in ihrem Geist zu finden ist, dann wird die Sicht des Menschen auf sich selbst von jeder objektiven Realität entwurzelt. Die Wahrheit würde dann von den Gefühlen eines Menschen definiert werden. Infolgedessen würden Männlichkeit und Weiblichkeit als soziale Konstrukte angesehen, nicht als von Gott geschaffene Realitäten. Aber wenn es Männlichkeit und Weiblichkeit nicht gibt, was wird dann aus Ehe und Familie?

Da es so viel Verwirrung um die Bedeutung des menschlichen Leibes gab, machte sich Papst Johannes Paul II. daran, uns eine umfassende Vision des Menschen zu präsentieren, die seinen Ursprung, seine Geschichte und seine Bestimmung einschließt. Anstatt von außen nach innen zu argumentieren und den Menschen eine Litanei von Regeln anzubieten, lud er sie ein, die Wahrheit über die Wirklichkeit zu suchen, indem sie über ihre eigene menschliche Erfahrung nachdachten. Die Schriften des heiligen Johannes vom Kreuz spielten eine Schlüsselrolle bei der Prägung von Papst Johannes Pauls II. Denkstil. Seine philosophischen Studien von Max Scheler und anderen Phänomenologen schärften seine Fähigkeit, die menschliche Erfahrung zu beobachten. Der Papst beginnt nicht damit zu erklären, was der Mensch tun sollte, sondern damit, wer der Mensch ist. Nach Ansicht des Papstes werden die Menschen wissen, wie sie leben sollen, wenn sie wissen, wer sie sind.

Es ist gesagt worden, dass Regeln ohne Beziehung zu Rebellion führen. Das gilt für Eltern und Kinder und es gilt ganz besonders für die Beziehung zwischen Gott und den Menschen. Johannes Paul II. wusste, dass Gesetze die Herzen nicht ändern. Wenn Menschen die Moral als eine starre Liste auferlegter Vorschriften betrachten, verhalten sie sich vielleicht vorübergehend aus Schuldgefühlen oder Angst gemäß jenen Regeln, aber oft geben sie den Glauben auf. Der Papst erkannte die Sinnlosigkeit dieses Ansatzes und wusste, dass eine frische, neue Darstellung der kirchlichen Lehren zur Sexualethik überfällig war.

Was die moderne Welt brauchte, war nicht nur eine Verteidigung der Lehren der Kirche, sondern vielmehr eine Enthüllung von Gottes ursprünglichem Plan für die Schönheit der menschlichen Liebe. Die Kultur brauchte etwas, das nicht einfach intellektuell überzeugend oder moralisch korrekt war, sondern etwas, das den tiefsten Sehnsüchten des menschlichen Herzens entsprach.

Leider sind viele für diese Sehnsüchte taub geworden und hören nur noch die Triebe des Körpers. Aber unabhängig davon, wie taub man für die tiefsten Sehnsüchte der Seele sein mag, jeder kann den Schmerz der Einsamkeit, die Erfahrung der Scham und den Wunsch nach Gemeinschaft nachempfinden. In der Theologie des Leibes hat der Papst diese Erfahrungen erforscht, um zu zeigen, wie Gottes Plan für die Menschheit nicht nur in unsere Herzen, sondern auch in unsere Leiber eingeschrieben ist.

Wenn Menschen die Theologie des Leibes entdecken, sagen sie oft, dass sie noch nie etwas Vergleichbares gehört haben. Das liegt daran, dass viele Menschen über Sexualität in einem religiösen Rahmen gelernt haben, der sich nur darauf konzentrierte, was verboten und erlaubt ist. Andere lernten sie durch die Brille der modernen Sexualerziehung kennen, welche die Sexualität auf Biologie und Sinnlichkeit reduziert. Das mag als „Sexualerziehung" gelten, aber es ist keine echte Erziehung zur menschlichen Sexualität.[14]

Genauer gesagt ist „Sexualität" nicht etwas, was Menschen tun. Sexualität ist das, was wir als männliche und weibliche Personen sind. Die Theologie des Leibes erinnert uns an diese umfassendere Bedeutung und bietet überzeugende Antworten auf Fragen wie: Wer bin ich? Was bedeutet es, ein Mensch zu sein? Wie sollte ich leben? Sie befasst sich mit heiklen Fragen zu Ehe und Sexualethik,

[14] Johannes Paul II., Familiaris Consortio, 11.

lädt aber gleichzeitig dazu ein, den Sinn des Lebens neu zu entdecken. Dabei wird einem klar, dass die sexuelle Verwirrung des modernen Menschen nicht darauf zurückzuführen ist, dass die Welt die Sexualität verherrlicht, sondern darauf, dass die Welt versäumt, ihre Herrlichkeit zu sehen.

Für diejenigen, welche die Lehre der Kirche über die menschliche Sexualität missachtet haben, weil sie der modernen Welt fremd zu sein scheint, bietet die Theologie des Leibes eine neue Perspektive. Ihre Einsichten sind keine frommen Überlegungen eines Theologen, der von den täglichen Kämpfen des Ehelebens isoliert war. Vielmehr sind sie das Ergebnis jahrzehntelanger persönlicher Begegnungen zwischen einem bemerkenswerten Heiligen und den zahllosen jungen Erwachsenen und Ehepaaren, die er in ihren Berufungen begleitet hat. Diese Paare bezeugen, dass Papst Johannes Paul II. zwar eine große Fähigkeit zu predigen hatte, aber eine noch größere Fähigkeit zuzuhören.

Die Theologie des Leibes entspringt dem Herzen eines Heiligen, der nicht nur anderen Menschen aufmerksam zuhörte, sondern auch dem Gott, der ihrem Leben einen Sinn geben konnte. Auch Leid war ihm nicht fremd: Er lebte unter dem Nazi- und dem kommunistischen Regime und hatte seine Familie verloren, als er gerade einmal zwanzig Jahre alt war. Während solche Prüfungen manche dazu bringen könnten, ihren Glauben aufzugeben, wurde Johannes Pauls II. Glaube durch sie geformt, da er Antworten auf die tiefsten Fragen nach dem Sinn des Lebens suchte.

Er besaß auch einen erstaunlichen Intellekt und verbrachte nach Angaben seines Sekretärs jeden Tag drei Stunden mit Lesen.[15] Obwohl er sich dem intellektuellen Leben widmete, hatte sein Gebetsleben doch Vorrang. Seine Kollegen bezeugen, dass er ständig in das Gebet vertieft zu sein schien, was sich auch daran zeigt, dass er die belebte Pariser Metro als „einen ausgezeichneten Ort der Kontemplation" bezeichnete.[16]

Seine größte Verehrung galt jedoch dem Allerheiligsten Altarsakrament. An Donnerstagen versäumte er nie seine Heilige Stunde, auch nicht auf internationalen Reisen. Wenn die Organisatoren seiner Reisen dafür keinen Platz in seinem Terminkalender fanden, nahm er sich die Zeit und kam einfach eine Stunde zu spät zu ihrem Programm. Als seine Assistenten versuchten, ihn davon zu überzeugen, weniger Zeit mit dieser Andacht zu verbringen, weigerte er sich und sagte: „Nein, das erhält mich."[17] Er wuss-

---

[15] Mokrzycki, Weltjugendtag Pressekonferenz.
[16] George Weigel, City of Saints. New York, Image, 2015, 232.
[17] Mokrzycki, ebd.

te, dass die apostolische Mission ihre Kraft aus dem Leben in Gott schöpft.[18] Dem Herzen, dem Verstand und der Seele dieses Mannes verdankt die Kirche ein großartiges Geschenk: die Theologie des Leibes.

Struktur

Die Theologie des Leibes setzt sich aus zwei Teilen zusammen. Der erste Teil konzentriert sich auf drei Schriftstellen oder „Worte" Christi. Darin untersucht Papst Johannes Paul II. den Dialog zwischen Jesus und den Pharisäern über Ehe und Scheidung.[19] Dann betrachtet er die Worte Christi aus der Bergpredigt, insbesondere die Worte über den Ehebruch im Herzen.[20] Schließlich wendet er sich den Worten Christi über die Auferstehung des Leibes zu.[21] Anhand dieser Überlegungen erklärt er die Erlösung des Leibes. So beschreibt er in seiner Schlusskatechese, dass der Inhalt des gesamten Werkes „von der Erlösung des Leibes und der Sakramentalität der Ehe" handelt.[22]

---

[18] Johannes Paul II., Master in the Faith 2, Rom, 14.12.1990.
[19] Mt 19,8; Mk 10,6–9.
[20] Mt 5,28.
[21] Mt 22,30; Mk 12,25; Lk 20,35–36.
[22] TdL 133,2.

Die Theologie des Leibes ist durch und durch biblisch, wie die Tatsache zeigt, dass der Papst aus 46 Büchern und mehr als 1000 Bibelzitaten schöpft. Doch unter all den von ihm zitierten Stellen sind die drei oben genannten Textpassagen sein Schwerpunkt. Er vergleicht sie mit den Tafeln eines Triptychons, einem sakralen Kunstwerk, das aus drei Tafeln oder Teilen besteht. Wenn die drei Bilder zusammen gezeigt werden, vermitteln sie ein umfassenderes Verständnis eines theologischen Themas (in diesem Fall der menschlichen Person).

Die drei Teile des Triptychons Papst Johannes Pauls II. sind der ursprüngliche, der geschichtliche und der eschatologische Mensch. Der ursprüngliche Mensch ist der Mensch, wie Gott ihn am Anfang, vor dem Aufkommen der Sünde, geschaffen hat zu sein. Der geschichtliche Mensch bezieht sich auf den gegenwärtigen Zustand der Menschheit, der durch die Erbsünde belastet, aber durch Christus erlöst wurde. „Eschatologisch" hat seine Wurzeln in dem griechischen Wort für „Ende", *éschaton*, und bezieht sich auf den verherrlichten Zustand des Menschen im Himmel. Zusammen bilden diese drei Epochen der menschlichen Geschichte das, was er eine „angemessene Anthropologie" nennt – ein Verständnis davon, was es bedeutet, ein Mensch zu sein.

Im ersten Teil der Theologie des Leibes benutzt der Papst die drei oben genannten „Worte“ Christi, um den Ruf des Menschen zur „bräutlichen Bedeutung des Leibes“ zu erklären. Diese Formulierung ist das Herzstück der Theologie des Leibes. Sie bedeutet, dass der menschliche Körper „die Fähigkeit [hat], der Liebe Ausdruck zu geben: jener Liebe, in welcher der Mensch als Person Geschenk wird und – durch dieses Geschenk – den eigentlichen Sinn seines Seins und seiner Existenz verwirklicht“.[23] (Diese Selbsthingabe kann nicht nur in der Ehe, sondern auch in der Ehelosigkeit um des Himmelreiches willen ausgedrückt werden.)

Im zweiten Teil der Theologie des Leibes analysiert der Papst „Das Sakrament“, welches das „große Zeichen“ der Liebe Christi zur Kirche und der Liebe zwischen Mann und Frau ist. Er erklärt, was die Selbsthingabe in Bezug auf die „Sprache des Leibes“ bedeutet und wie Männer und Frauen dazu berufen sind, sie zu leben, insbesondere in Bezug auf den Aufbau ihrer Familien.

*

---

[23] TdL 15,1; 32,1, 3.

Diejenigen, welche die über 500 Seiten der Theologie des Leibes gelesen haben, werden bestätigen, dass es keine leichte Lektüre ist. In der Tat könnte die 128-seitige Einführung zum Buch wahrscheinlich eine eigene Einführung vertragen![24] Aufgrund seiner dichten Philosophie und Theologie war es jahrzehntelang nur für Gelehrte interessant. Glücklicherweise hat eine Welle der Begeisterung über die darin enthaltenen Reichtümer begonnen, sich innerhalb der Kirche zu verbreiten. Akademiker und Laienmissionare graben ihre Tiefen aus und teilen ihre Juwelen mit den Gläubigen. Zu diesem Zweck wurden bereits viele ausgezeichnete Bücher geschrieben und es werden sicher noch viele weitere folgen. Der Zweck dieser kurzen Einführung ist nicht, diese zu ersetzen, sondern den Appetit des Lesers zu wecken, sie nicht nur zu lesen, sondern die Einladung von Johannes Paul II. anzunehmen:

> Alle, die in der Ehe die Erfüllung ihrer eigenen menschlichen und christlichen Berufung anstreben, sind vor allem dazu aufgerufen, diese ‚Theologie des Leibes' […] zum Inhalt ihres Lebens und ihres Verhaltens zu machen. In der Tat, wie

[24] Anm. d. Übers.: Die englische Ausgabe der Theologie des Leibes hat eine 128-seitige Einführung zu den Katechesen. Vgl. Papst Johannes Paul II., Man and Woman He Created Them, A Theology of the Body. Transl. Michael Waldstein, Boston, Pauline Books and Media, 2006.

> unerlässlich ist auf dem Weg dieser Berufung das vertiefte Empfinden für den Sinn des Körpers in seiner Männlichkeit bzw. Weiblichkeit![25]

Fünf Jahre päpstlicher Audienzen in einer 60-minütigen Zusammenfassung unterzubringen, ist, gelinde gesagt, ambitioniert. Obwohl die folgenden sechs Kapitel dieses Buches kurz genug sind, um sie in einer Stunde durchzugehen, beeile dich nicht. Die Einsichten Papst Johannes Pauls II. sind tiefgründig, schön und lebensverändernd, aber manchmal schwer zu erfassen. Sie sind dazu bestimmt, ausgekostet, meditiert und in unser Leben integriert zu werden. So wie ein gutes Glas Wein in Sekundenschnelle getrunken werden kann, wird sein Reichtum nur von der Person geschätzt, die jeden Tropfen auskostet. Das Gleiche kann von der Weisheit des Papstes gesagt werden. Der heilige Franz von Sales lehrte: „Hast tötet jede Hingabe“[26], und die Theologie des Leibes verdient ein eingehendes und hingebungsvolles Studium. In diesem Text wirst du Hunderte von Fußnoten finden, die dich zu den Originalquellen der Gedanken des Papstes führen, wenn du seine Lehre tiefer erforschen möchtest. Nimm dir die Zeit, die du brauchst, um die Früchte der Kontemplation dieses Mannes zu

---

[25] TdL 23,5.

[26] Zit. in: Jean-Baptiste Chautard, The Soul of the Apostolate. Charlotte, TAN Books, 2012.

verinnerlichen. Er war ein Weltklasse-Philosoph, ein begnadeter Theologe und, was am wichtigsten ist, ein außergewöhnlicher Heiliger.

TEIL I

DIE WORTE CHRISTI

CHRISTUS BERUFT SICH AUF DEN „ANFANG“

Der ursprüngliche Mensch

Wenn die meisten Menschen an das Buch Genesis denken, halten sie es für eine Ansammlung altertümlicher und unwissenschaftlicher Fabeln, die in ein Malbuch für Kinder gehören. Infolgedessen gehen sie davon aus, dass die Texte dem modernen Menschen wenig zu bieten haben.

Obwohl die Schöpfungsberichte in der Genesis vorwissenschaftlich und archaisch sind, wäre es ein Fehler, sie für unwissenschaftlich oder unzeitgemäß zu halten. In der Genesis wollte Gott keine wissenschaftliche Abhandlung vorlegen, sondern tiefe Wahrheiten über die Menschheit zum Ausdruck bringen, die ebenso gültig und unveränderlich (und archaisch) sind wie die Gesetze der Physik.

Jemand, der versucht, die Genesis wissenschaftlich zu entkräften, könnte mit einem Optiker verglichen werden, der das Hohelied der Liebe liest und dann einen Augenspiegel benutzt, um zu beweisen, dass die Augen der Frau keine Tauben und auch keine Teiche von Heschbon sind, obwohl ihr Geliebter das behauptet. Wie genau die Ergebnisse des Arztes auch sein mögen, sie entkräften oder widerlegen nicht, was der Geliebte in seiner Braut sieht. Ebenso widersprechen die in der Genesis gefundenen Wahrheiten nicht der Wissenschaft. Vielmehr dringen sie in einen Bereich der Wahrheit ein, der jenseits der Reichweite der materiellen Wissenschaft liegt.

Als die Pharisäer Jesus zur Ehescheidung befragten, führte er sie zum Anfang zurück, zu den eigenen Worten des Schöpfers über seinen Plan für die menschliche Liebe. Das Matthäus-Evangelium berichtet über diesen Austausch:

> Da kamen Pharisäer zu ihm, um ihn zu versuchen, und fragten: Darf man seine Frau aus jedem beliebigen Grund aus der Ehe entlassen? Er antwortete: Habt ihr nicht gelesen, dass *der Schöpfer sie am Anfang männlich und weiblich erschaffen hat* und dass er gesagt hat: *Darum wird der Mann Vater und Mutter verlassen und sich an seine Frau binden und die zwei werden ein Fleisch sein?* Sie sind also nicht mehr zwei, sondern ein Fleisch. Was aber Gott verbunden hat, das darf der Mensch nicht trennen. Sie sagten zu ihm: Wozu hat dann Mose vorgeschrieben, der Frau eine Scheidungsurkunde zu geben und sie aus der Ehe zu entlassen? Er antwortete: Nur weil ihr so hartherzig seid, hat Mose euch

gestattet, eure Frauen aus der Ehe zu entlassen. *Am Anfang war das nicht so* (Mt 19,3–8).

Um den Pharisäern eine angemessene Antwort auf die Frage nach der Ehe geben zu können, wusste Jesus, dass sie zunächst eine – wie Johannes Paul II. es nennt – „ganzheitliche Sicht des Menschen" haben mussten und nicht eine partielle oder gebrochene. Leider ist unsere einzige Erfahrung mit der Menschheit die Sündhaftigkeit, die wir geerbt haben. Aber das ist nicht das ganze Bild des Menschen. Jesus führt seine Zuhörer zurück zur Genesis, um uns über unser begrenztes Verständnis hinauszuführen.

Es ist leicht zu beweisen, dass uns diese ganzheitliche Sichtweise fehlt. Wenn du zum Beispiel sagen würdest, dass das Buch Genesis die Geschichte der „ursprünglichen …" erklärt, welches Wort würdest du verwenden, um die Lücke zu füllen?

„Sünde".

Das ist zwar richtig, aber Johannes Paul II. wies darauf hin, dass die Schöpfungsgeschichte auch offenbart, wie die Menschheit oder der ursprüngliche Mensch vor der Sünde aussah. Sie offenbart seine Erfahrung des ursprünglichen Alleinseins, der ursprünglichen Einheit und der ursprünglichen Nacktheit. Das Verstehen dieser Konzepte ist die Grundlage, um zu verstehen, was es bedeutet, Mensch zu sein. Wenn diese offenbart werden, sehen wir die Schönheit der ersten Tafel des Triptychons von Papst Johannes Paul II.

Ursprüngliches Alleinsein

Von Anfang an zeigte der Körper von Adam, dass er allein auf der Welt war: „Es ist nicht gut, dass der Mensch allein sei" (Gen 2,18). Er war nicht allein in dem Sinne, dass ihm Eva fehlte. In der Tat verriet sein Körper, dass er für jemand anderen geschaffen war, und ihre Abwesenheit war spürbar. Aber auch nach ihrer Erschaffung steht der Mensch allein vor Gott.

Der menschliche Körper offenbart, dass der Mensch als Person allein unter allen irdischen Geschöpfen ist. Anders als die Tiere, ist er kein irrationales, rein vom Instinkt getriebenes Tier. Er ist ein Subjekt: eine Person mit einem Gewissen, die sich ihrer selbst bewusst und fähig ist, über sich selbst zu bestimmen. Daher ist Adams Alleinsein zunächst ein Hinweis auf seine Einzigartigkeit als Person innerhalb der Schöpfung.

Als Gott erklärte, es sei nicht gut, dass der Mensch allein sei, offenbarte er eine tiefe Wahrheit über den Menschen: Unser Wesen ist im Alleinsein nicht voll verwirklicht. Wir verwirklichen es, indem wir mit jemandem und für jemanden existieren.[27] Unser ursprüngliches Alleinsein erfüllt sich, indem wir ein Geschenk werden. Da wir einen freien Willen haben, können wir uns anderen auf vielerlei Weise schenken, und insbesondere durch unsere Berufungen. Wie Johannes Paul II. feststellt: „Die jungen Menschen, sowohl junge Männer als auch junge Frauen, wissen, dass […] ihr Leben insofern einen Sinn hat, *als es zu einer unentgeltlichen Gabe an den Nächsten wird.*“[28]

Der wesentlichste „Andere“, für den wir geschaffen wurden, um uns ihm hinzugeben, ist jedoch Gott. Wir müssen zuerst unsere Sehnsucht nach Gemeinschaft mit Gott stillen, bevor wir sie mit Menschen ausfüllen. Andernfalls kann eine Beziehung zu einem Götzen werden und alle Götzen sind dazu bestimmt, zerbrochen zu werden. Das liegt nicht daran, dass Gott neidisch ist. Sondern weil kein Geschöpf den letzten Wunsch eines Wesens erfüllen kann, das für unendliche Glückseligkeit geschaffen ist. Deshalb bemerkte C. S. Lewis, dass Götzenbilder schließlich die Herzen ihrer Verehrer brechen.[29]

---

[27] Vgl. TdL 14,2.

[28] Johannes Paul II., Die Schwelle der Hoffnung überschreiten. Hamburg, Hoffmann & Campe, 1994, 150.

[29] C. S. Lewis, The Weight of Glory. New York, Harper One, 2001, 31.

Ohne Gott bleibt ein Mensch, unabhängig davon, wie viele Gefährten er hat, allein.

Gott möchte unsere erste Liebe sein, nicht nur, weil er weiß, dass uns nichts anderes befriedigen kann, sondern weil er möchte, dass wir das werden, was wir sind: Geschöpfe, die nach dem Bild und Gleichnis der Liebe geschaffen sind. Papst Benedikt XVI. schrieb: „Daher ist die Berufung zur Liebe das, was den Menschen zum echten Ebenbild Gottes macht: Er wird in dem Maße Gott ähnlich, in dem er ein Liebender wird.“[30]

Ursprüngliche Einheit

Am Anfang schuf Gott sie „als Mann und Frau“. Wie bereits erwähnt, offenbarte Adams Körper seine Einzigartigkeit als Person. Er zeigte aber auch sein Alleinsein. Noch bevor Adam die erste Frau sah, konnte er spüren, dass die Schöpfung unvollständig war.

Betrachtet man alle Systeme des menschlichen Körpers (Kreislauf-, Nerven-, Verdauungssystem usw.), so stellt man fest, dass sie bis auf eines alle

---

[30] Schreiben von Benedikt XVI. bei der Eröffnung der Pastoraltagung der Diözese zum Thema Familie, Lateranbasilika, 6.6.2005.

ohne das andere Geschlecht funktionieren. Nur das Fortpflanzungssystem benötigt eine Person des anderen Geschlechts, um seinen Zweck zu erfüllen. Der männliche und der weibliche Körper sind füreinander geschaffen.

Als Adam deshalb zum ersten Mal den Körper Evas sieht, sagt er, dass sie „Bein von meinem Bein und Fleisch von meinem Fleisch“ ist (Gen 2,23). Oder, wie Johannes Paul II. erklärt: „Damit scheint er zu sagen: *Siehe, ein Leib, der die ‚Person‘ ausdrückt*!“[31] Adam drückt Staunen, Bewunderung und Faszination aus. Er ist fasziniert von der Person, die sie ist und die sich in und durch ihren Körper offenbart. Johannes Paul II. bemerkt: „*Zudem bewirkt die Liebe eine besondere Erfahrung des Schönen,* die sich auf das Sichtbare konzentriert, aber zugleich die ganze Person einbezieht.“[32]

Nach der Erschaffung von Mann und Frau gibt Gott der Menschheit sein erstes Gebot: „Seid fruchtbar und mehret euch, füllt die Erde“ (Gen 1,28). Aber warum? Warum hat Gott den Menschen mit der Fähigkeit zur Fortpflanzung ausgestattet? Die Engel haben diese Fähigkeit nicht. Warum sollte sie also der Mensch haben? Manche nehmen an, dass die Menschheit sonst aufhören würde zu existie-

---

[31] TdL 14,4.
[32] TdL 108,6.

ren. Aber das ist nicht wahr. Gott könnte einen endlosen Vorrat an Menschen erschaffen, wenn er wollte. Aber er wollte, dass der Mensch ein Widerschein seiner Schöpferkraft ist, durch die er seine Liebe zum Ausdruck bringt. In Genesis 1,26 heißt es: „Lasst *uns* Menschen machen als *unser* Bild, *uns* ähnlich!“ Was bedeutet das?

Die Liebe kann nicht isoliert existieren. Es muss einen Liebenden geben, einen Geliebten und ein Feuer der Liebe zwischen ihnen. Das ist die Heiligste Dreifaltigkeit: eine Gemeinschaft von Personen in lebenspendender Liebe. Gott hat den Menschen nach seinem Bild und Gleichnis geschaffen und das bedeutet, dass wir in unserem Körper das unsichtbare Geheimnis Gottes sichtbar machen: Er ist die Liebe. Wie der *Katechismus der Katholischen Kirche* sagt: „Liebe ist das Wesen Gottes. Indem er in der Fülle der Zeit seinen einzigen Sohn und den Geist der Liebe sendet, offenbart Gott sein innerstes Geheimnis: Er selbst ist ewiger Liebesaustausch – Vater, Sohn und Heiliger Geist – und hat uns dazu bestimmt, daran teilzuhaben.“[33]

Wir ähneln Gott nicht nur, weil wir eine unsterbliche Seele, einen Intellekt und einen freien Willen haben. Die geschlechtliche Komplementarität des männlichen und weiblichen Körpers in ihrer Männ-

[33] KKK, 221; Siehe auch Dominum et Vivificantem, 10.

lichkeit und Weiblichkeit offenbart, dass wir für eine Beziehung, für eine Gemeinschaft von Personen geschaffen sind. Das kann von keinem anderen Lebewesen gesagt werden. Pflanzen und Tiere sind zwar zur Fortpflanzung fähig, aber sie können sich nicht in Liebe selbst hingeben. Eine Gemeinschaft von Personen entsteht nur durch eine gegenseitige Gabe und das erfordert einen freien Willen – nicht nur einen biologischen Instinkt zur Fortpflanzung.

Johannes Paul II. erklärt: „Der Mensch wird nicht so sehr im Augenblick seines Alleinseins als vielmehr im Augenblick der Gemeinschaft zum Abbild Gottes … [Dies] stellt vielleicht sogar den tiefsten theologischen Aspekt von allem dar, was sich über den Menschen sagen lässt."[34]

Halte inne und nimm auf, was der Papst lehrt. Er behauptet, dass die sexuelle Intimität zwischen Mann und Frau ein Symbol für das innere Leben der Dreifaltigkeit ist.[35] Indem er dies sagt, sexualisiert er nicht den Himmel, sondern stellt heraus, dass unsere Sexualität uns dorthin führt, wenn sie richtig verstanden wird. Der Ruf, fruchtbar zu sein und sich zu vermehren, ist ein Ruf, nach dem göttlichen Bild zu leben: uns zu einem Geschenk durch lebenspendende Liebe zu machen.

---

[34] TdL 9,3.

[35] Zeuge der Hoffnung, 357f.

Der Ruf zur Gemeinschaft, der sich im Leib offenbart, ist ein Zeichen für das, was die Menschen tun sollen: sich selbst den anderen und schließlich Gott nach dem Bild der Dreifaltigkeit schenken. Offensichtlich gibt es unzählige Möglichkeiten, sich zu verschenken, die nicht sexuell sind. Zum Beispiel ist jedes Werk der Barmherzigkeit (Hungrige speisen, Kranke pflegen) eine Form der lebenspendenden Liebe. Durch diese Selbsthingabe lieben wir wie Gott und erfüllen auf diese Weise unsere Bestimmung.

Vor der Erbsünde genossen Adam und Eva die ursprüngliche Einheit. Sie lebten in Harmonie mit Gott, miteinander, mit sich selbst und mit dem Rest der Schöpfung. Mit der Sünde kam eine Spaltung in allen vier Formen. Die Erbsünde führte nicht nur zu einem Bruch in der Einheit zwischen der Menschheit und Gott, sondern hat auch unsere Einheit mit anderen, mit uns selbst und mit der gesamten Schöpfung verletzt.

Obwohl Gott die geschlechtlichen Unterschiede zwischen Männern und Frauen als ein Geschenk gedacht hat, das sie durch ihre Komplementarität vereinen sollte, trennen die geschlechtlichen Unterschiede nach dem Sündenfall die beiden oft und werden zu einem Hindernis in ihren persönlichen Beziehungen. Um diesen Konflikt zu beseitigen, greift die moderne Kultur manchmal das Geschlecht an, als ob dieses das Problem wäre. Mit anderen Worten: „Das eigentliche Problem sind die starren sozialen Konstruktionen, die den Mythos aufrechterhalten, dass Männer und Frauen unterschiedlich sind. Wenn wir die geschlechtsspezifischen Unterschiede beseitigen, wird das Problem gelöst sein." Aber es sind gerade unsere Unterschiede, die eine Vereinigung möglich machen. Ohne Unterschiede kann es keine Komplementarität geben.

Der Unterschied zwischen Mann und Frau lässt sich nicht auf gesellschaftliche Einflüsse oder gar auf Körperteile und Chromosomen reduzieren. In der Tat zeigen sich unsere geschlechtlichen Unterschiede nur in begrenztem Maße im Äußeren.[36] Es geht darum, wer wir als Personen sind, bis hin zu unserer Seele.[37] Diejenigen, die jetzt im Himmel sind, haben zwar noch nicht ihren verherrlichten Leib, aber sie bleiben männlich und weiblich. Ebenso werden wir nach der Auferstehung der Toten unsere Leiber in ihrer Männlichkeit und Weiblichkeit wiedererlangen.[38]

Im Gegensatz zu dem, was Gendertheoretiker vorschlagen, ist das Geschlecht nicht etwas, das „bei

---

[36] TdL 21,3.

[37] Johannes Paul II., Brief an die Familien, 19.

[38] TdL 66,1.

der Geburt zugewiesen" wird und mit der wahren Identität nicht übereinstimmen kann. Unser Leib offenbart unsere Identität! Das Geschlecht ist ein Geschenk des Schöpfers zum Zeitpunkt der Empfängnis.

All dies mag für diejenigen, die sich als ein Geschlecht identifizieren, das nicht mit ihrem oder seinem Geschlecht übereinstimmt, wie Hassreden oder Engstirnigkeit klingen. Die Befürworter der Gendertheorie haben hervorragende Arbeit geleistet, indem sie die Idee vermarktet haben, dass die wahre Identität einer Person nicht durch ihren Körper bestimmt wird. Obwohl sie behaupten, den Menschen dabei zu helfen, ihre Identität anzunehmen, geben sie den Menschen nur die Erlaubnis, sie abzulehnen. Es ist die Kirche, die die Menschen ermutigt, die tiefste Wahrheit über ihre Identität anzunehmen, die sich durch den Körper offenbart, auch wenn dieser Entdeckungsprozess schwierig ist.

Aber warum sollte die Identität eines Menschen von seinem Körper abhängen? Warum hat Johannes Paul II. gesagt, dass unser Geschlecht nicht nur entscheidend für unsere körperliche Individualität ist, sondern dass es unsere Identität definiert?[39]

---

[39] Vgl. TdL 20,5.

Stell dir vor, jemand schlägt dich und du fragst ihn: „Warum hast du mich geschlagen?“, und er antwortet: „Ich habe dich nicht geschlagen. Ich habe deinen Körper geschlagen.“ Die Chancen stehen gut, dass du dich von seiner schlechten Anthropologie nicht überzeugen oder trösten lassen würdest. Du bist nicht von deinem Körper getrennt. Du „hast“ nicht nur einen Körper. Dein Körper, dein Leib bist du. Er drückt die Person aus und offenbart die Seele.[40]

In der Tat ist der menschliche Leib die einzige Schöpfung Gottes, die eine Person sichtbar macht. Engel sind personale Wesen, aber sie haben keinen Körper. Tiere haben Körper, aber sie offenbaren keine Person. Deshalb hat der Papst gesagt, dass der Leib ein „Sakrament“ der Person ist. Ein Sakrament ist ein sichtbares Zeichen für eine unsichtbare Wirklichkeit. In einer der wichtigsten Passagen der Theologie des Leibes erklärt er: „Der Leib, und nur er, kann das Unsichtbare sichtbar machen: das Geistliche und Göttliche. Er wurde geschaffen, um das von Ewigkeit her in Gott verborgene Geheimnis in die sichtbare Wirklichkeit der Welt zu übertragen und so Zeichen dieses Geheimnisses zu sein.“[41]

Aus diesem Grund erklärt er in seinem *Brief an die Familien*: „Der Körper darf niemals auf reine Ma-

[40] Vgl. TdL 14,4.
[41] TdL 19,4; 96,6.

terie verkürzt werden: Er ist ein *von Geist erfüllter* Körper."[42] Er ist nicht geschaffen, um geformt, manipuliert oder verstümmelt zu werden.[43] Auch sind Männlichkeit und Weiblichkeit keine kulturellen Erfindungen. Sie sind einem Zweck untergeordnet, nämlich bräutliche Vereinigung und Elternschaft.[44]

Unser Körper ist nicht bedeutungslos. Kardinal Christoph Schönborn schrieb: „Die Schönheit ist real und verlässlich. Ihr Licht kann auf die ursprüngliche leitende Absicht Gottes für Mann und Frau zurückgeführt werden."[45] Die „grundlegende Tatsache" der menschlichen Existenz ist, dass wir als Mann und Frau geschaffen sind, und daher ist unsere sexuelle Identität nicht etwas, das wir definieren, sondern etwas, das wir empfangen.[46]

Während dies für die einen selbstverständlich erscheint, stellt es für andere eine große Herausforderung dar. Manche fühlen sich von ihrem biologischen Geschlecht entfremdet oder zu ihrem gleichen Geschlecht hingezogen. Das Gegenteil zu behaupten, würde sich für sie unaufrichtig anfühlen. Wie kann die Theologie des Leibes ihnen etwas anderes

---

42 Brief an die Familien, 19.

43 Vgl. TdL 59,3.

44 Vgl. TdL 14,6.

45 Christoph Kardinal Schönborn, Vorwort, Johannes Paul II., Man and Woman He Created Them, XXIV–XXV.

46 TdL 18,4; vgl. 13,3.

bieten als eine starre und binäre Ablehnung ihrer Erfahrungen? Wie können Menschen, die Geschlechtsdysphorie erleben oder gleichgeschlechtliche Anziehungen empfinden, ihre wahre Identität nach Gottes Entwurf zum Ausdruck bringen und gleichzeitig in ihren inneren Gefühlen authentisch bleiben?

Obwohl dieses Thema zu komplex ist, um es im Rahmen dieser Arbeit ausreichend zu erforschen, können drei Überlegungen als einleitende Antwort angeboten werden:

Erstens: Unfaire Geschlechterstereotypen führen manchmal Menschen dazu, ihre Identität in Frage zu stellen. Papst Franziskus stellt fest: „Diese Starrheit kann ihrerseits die Entwicklung der Fähigkeiten eines jeden bis zu dem Punkt hemmen, dass man es schließlich für wenig männlich hält, sich der Kunst oder dem Tanz zu widmen, und für wenig weiblich, irgendeine Führungstätigkeit zu entwickeln."[47] Die Lösung besteht jedoch nicht darin, das Geschlecht abzuschaffen, sondern seine Überbetonung zu vermeiden. Er fügte hinzu: „Ich frage mich zum Beispiel, ob die sogenannte Gendertheorie nicht auch Ausdruck von Frustration und Resignation ist, die darauf abzielt, den Unterschied zwischen den Geschlechtern auszulöschen, weil sie sich nicht mehr damit auseinanderzusetzen versteht. Ja, wir laufen

---

[47] Franziskus, Amoris Laetitia, 286.

Gefahr, einen Rückschritt zu machen. Denn die Beseitigung des Unterschieds ist das Problem, nicht die Lösung."[48]

Ein zweiter Punkt, an den wir uns erinnern sollten, ist, dass die tiefste Wahrheit der Identität eines Menschen darin besteht, dass er oder sie ein geliebter Sohn oder eine geliebte Tochter Gottes ist. Wenn wir uns von dieser Realität lösen, definieren wir uns oft über weniger wichtige Dinge, wie unsere Attraktivität, Tätigkeiten, Tugenden oder Laster. Da unser Verhalten von unserer Identität ausgeht, ist es unerlässlich, uns daran zu erinnern, dass jeder Mensch nach dem Bild und Gleichnis Gottes geschaffen wurde und daher gerufen ist, sich selbst zu verschenken. Nur wenn wir nach dieser Wahrheit leben, die in unseren Leib eingeschrieben ist, werden wir wahre Erfüllung finden. Wie Kardinal Raymond Burke erklärt hat, „ist der zweifache Ausdruck der menschlichen Person nicht Heterosexualität und Homosexualität, sondern männlich und weiblich. Das ist die authentische Theologie der Anthropologie: dass Gott den Menschen geschaffen hat: ‚männlich und weiblich hat er sie geschaffen'".[49]

---

[48] Franziskus, Generalaudienz,15. 4.2015.

[49] R. Burke, Hope for the World, To Unite All Things in Christ. San Francisco, Ignatius Press, 2016, 102.

Schließlich ist es auch hilfreich, sich vor Augen zu halten, dass die Erbsünde nicht nur die Einheit zwischen Mann und Frau, sondern auch die Einheit innerhalb jeder Person gestört hat. Johannes Paul II. wies darauf hin, dass dies „eine fast konstitutive *Schwierigkeit in der Identifizierung des eigenen Ichs mit dem eigenen Körper*“ in sich birgt.[50] Auch wenn er in diesem Abschnitt nicht direkt auf die Frage der Geschlechtsdysphorie eingeht, bleibt die Tatsache bestehen, dass jeder Mensch auf seine Weise eine Trennung zwischen Körper und Seele erfährt. In Bezug auf Adam nach dem Sündenfall fährt Johannes Paul II. fort: „Es ist, als ob er einen spezifischen *Bruch der personalen Integrität seines Körpers erlebte, besonders in dem, was seine Geschlechtlichkeit ausmacht* und was in direktem Zusammenhang mit dem Ruf nach Einheit steht, in der Mann und Frau ‚ein Fleisch sein werden‘ (Gen 2,24).“[51]

Dieser Bruch manifestiert sich auf unterschiedliche Weise. Wie bereits erwähnt, überspiritualisieren manche ihre Identität und missachten ihren Körper. Andere tun das Gegenteil. Jeder ringt bis zu einem gewissen Grad mit der Frage, was es bedeutet, männlich oder weiblich zu sein. Der Papst erklärt, *„dass der Schöpfer dem Menschen den Leib in seinem*

---

[50] TdL 29,4.

[51] TdL 28,4.

Mann- und Frausein als Aufgabe anvertraut hat".[52] Dem Menschen wurde die Aufgabe gegeben, seine Würde und seine Berufung wiederzuentdecken, und dieser Ruf offenbart sich im und durch den Leib.

Die Kirche scheut sich nicht, die Menschen aufzufordern, über ihre Sexualität nachzudenken, noch verlangt sie, dass der Einzelne unehrlich mit seinen Gefühlen ist. Manchmal ist es jedoch notwendig, Schichten von Verwundungen abzutragen, um die eigene Berufung zu erkennen. Um Gottes Plan für jeden Menschen zu entdecken, sind wir aufgerufen, auf Christus zu schauen, der „dem Menschen den Menschen selbst voll kund[macht] und [...] ihm seine höchste Berufung [erschließt]."[53]

Für manche mag dies wie eine einfache Lösung für ein komplexes persönliches Problem erscheinen. Aber der Kern der Sache ist das Vertrauen: Vertrauen wir darauf, dass Gott uns gut geschaffen hat und dass er keine Fehler macht? Vertrauen wir darauf, dass er mit der Erschaffung eines jeden Menschen als Mann oder Frau uns etwas offenbaren wollte, das uns letztlich zu ihm zurückführt? Wenn wir die Komplementarität unserer geschlechtlichen Unterschiede auslöschen, beseitigen wir das, was sie of-

[52] TdL 59,2.

[53] Gaudium et Spes, 22.

fenbart: dass wir geschaffen wurden, um uns selbst zu einem Geschenk zu machen in Nachahmung des Gottes, der uns geschaffen hat.

Am Anfang war die ursprüngliche Einheit, die Adam und Eva in der Ehe erlebten, ein deutliches Zeichen für etwas, das über sie hinausweist. Deshalb nennt Papst Johannes Paul II. die Ehe das „ursprünglichste Sakrament".[54] Die Ehe wurde geschaffen, um *das* Zeichen seiner Liebe zu den Menschen und seines Plans für unser Leben zu sein. Sie sollte auch das unsichtbare Geheimnis Gottes selbst sichtbar machen – dass er die Liebe ist. Obwohl dieses Zeichen durch die Erbsünde verdunkelt wurde, ist es in Christus wieder offenbar geworden.

Die ursprüngliche Einheit zu verstehen, ist wesentlich für das Verständnis der Theologie des Leibes, weil sie offenbart, wer Gott ist (eine lebenspendende Gemeinschaft von Personen), wer wir sind (nach seinem Abbild geschaffen) und wie wir in Zeit und Ewigkeit leben sollen (indem wir uns anderen und Gott schenken).

---

[54] TdL 19.

Ursprüngliche Nacktheit

Es wird gesagt, dass die tiefste Sehnsucht des menschlichen Herzens darin besteht, in Liebe zu sehen und gesehen zu werden. Am Anfang erlebten Adam und Eva dies auf einzigartige Weise. Sie waren nackt und ohne Scham, geschaffen in einem Zustand ursprünglicher Unschuld und ursprünglicher Nacktheit, wie Papst Johannes Paul II. es nennt. Manche nehmen an, dass ihr Fehlen von Scham ein Zeichen dafür war, dass sie naiv waren, wie kleine Kinder, oder primitiv in ihrem Verständnis, wie ein isolierter Dschungelstamm. Aber das ist nicht die Art von Unschuld, auf die sich der Papst bezieht.

Am Anfang hatte die Sünde das menschliche Herz noch nicht überschattet. Daher war die ursprüngliche Unschuld von Adam und Eva die besondere Gnade der Heiligkeit, die eine Teilhabe am inneren Leben Gottes ist.[55] Diese Heiligkeit befähigte sie, sich selbst und den anderen so zu sehen, wie Gott sie sieht. Sie waren sich der Bedeutung ihres Leibes bewusst und wie er ihren Ruf zu lieben offenbarte. Diese Reinheit des Herzens ermöglichte es ihnen, sich gegenseitig als ein Geschenk zu sehen, das zu empfangen ist, und nicht als ein Objekt, das es zu ergreifen gilt.

---

[55] Vgl. TdL 16,3; 19,5.

In seinem Buch *Liebe und Verantwortung* lehrt Karol Wojtyła, dass der Mensch ein Gut ist, dem gegenüber die einzig angemessene Haltung die Liebe ist.[56] Aufgrund seines Wertes kann ein Mensch niemals als bloßes Mittel zum Zweck benutzt werden. Für Adam und Eva war dieser Wert klar. Ihr Fehlen an Scham deutet daher nicht auf einen Mangel an Bewusstsein, sondern auf ein umfassendes Verständnis der Bedeutung des Leibes hin.[57] Adam und Eva schämten sich nicht, weil es keinen Grund dafür gab. Der nackte Körper des anderen lenkte nicht vom Wert dieser Person ab, sondern war vielmehr eine klare Offenbarung dieses Wertes.

Leider ist es ein weit verbreiteter Mythos, dass die Erbsünde von Adam und Eva in der sexuellen Intimität bestand. Dies war nie die Lehre der Kirche. Vielmehr hat Gott Adam und Eva vor dem Sündenfall aufgetragen, fruchtbar zu sein und sich zu vermehren. Das heißt, sexuelle Intimität ist nicht von Natur aus sündhaft; außerdem hatten Adam und Eva sexuelles Begehren in einer völlig reinen Weise erfahren. Der Gedanke von reinem sexuellen Begehren mag für den modernen Menschen wie ein Widerspruch klingen, weil die Gesellschaft sexuelle Intimität selbst fälschlicherweise für unrein hält.

---

[56] Vgl. Wojtyła, Liebe und Verantwortung. Kleinhain, St. Josef Verlag, 2010², 64ff.

[57] Vgl. TdL 12,2.

Aber am Anfang war das nicht so.

Johannes Paul II. erklärt, dass Adam und Eva, bevor die Sünde ihre Sicht trübte, in ihrer Nacktheit einander durch das „Geheimnis der Schöpfung" gesehen hatten.[58] Dies ist das Geheimnis, dass Gott Liebe ist, dass er aus Liebe erschafft und Mann und Frau zur Liebe ruft.[59]

Aus diesem Grund hatte das ursprüngliche Paar einander mit dem „Frieden des inneren Schauens" angesehen.[60] Vor allem Frauen spüren, wenn sie nur als Objekt zur Befriedigung eines anderen betrachtet werden. Wenn eine Frau die Begierde im Herzen eines Mannes spürt, empfindet sie eine beunruhigende Verletzlichkeit und sogar Groll. Ein Experte für das weibliche Gehirn stellte fest, dass die sexuelle Lust einer Frau nur dann am größten ist, „wenn die Amygdala – das Angst und Furchtzentrum des Gehirns – ausgeschaltet ist".[61] Eva brauchte keine defensive Haltung gegenüber ihrem Körper oder ihrem Herzen einzunehmen, weil Adam die Fähigkeit hatte, sie mit der intensivsten und reinsten Liebe zu betrachten.

---

58 TdL 13,1.

59 Vgl. Michael Waldstein, Theology of the Body Map. Florida, Sapientia Press of Ave Maria University, 2017, 12.

60 TdL 13,1.

61 Louann Brizendine, The Female Brain. New York, Morgan Road Books, 2006, 77.

Johannes Paul II. erklärt, dass es diese Fähigkeit war, den anderen „im vollen Frieden des inneren Schauens, der gerade die Fülle der personalen Intimität ausmacht", zu sehen.[62] Die Bejahung der Person macht die authentische Gemeinschaft von Personen möglich. Wie könnte es eine wahre Einheit zwischen zwei Menschen geben, wenn sie sich der Größe des Geschenks des anderen nicht bewusst sind?

Adam und Eva verstanden die Größe des Geschenks. Ihre ursprüngliche Unschuld ermöglichte es ihnen, die ursprüngliche Nacktheit als die Fähigkeit des menschlichen Leibes zu sehen, Gott als Liebe abzubilden. Diese ursprüngliche Nacktheit ohne Scham ist genau der Schlüssel zum Verständnis der Theologie des Leibes. Tatsächlich erklärt Johannes Paul II., dass ihre Nacktheit ohne Scham die Heiligkeit Gottes in der sichtbaren Welt offenbart.[63] Es versteht sich von selbst, dass es das Letzte ist, was Menschen denken, nämlich, dass Nacktheit offenbart, Heiligkeit ist. Aber das liegt nur daran, dass sie die Bedeutung des Leibes nicht verstehen.

---

[62] TdL 13,1.
[63] Vgl. TdL 19,5.

Die bräutliche Bedeutung des Leibes

In einem der wichtigsten Abschnitte der Theologie des Leibes erklärt Papst Johannes Paul II. die „bräutliche Bedeutung des Leibes". Das bedeutet, dass der menschliche Leib „die Fähigkeit hat, die Liebe auszudrücken, durch die der Mensch als Person zum Geschenk wird und so den tiefen Sinn des eigenen Seins und der eigenen Existenz erfüllt".[64] Die bräutliche Bedeutung des Leibes stellt „die geistige Schönheit der Zeichenhaftigkeit des menschlichen Leibes in seiner Männlichkeit und Fraulichkeit" dar.[65]

In den Augen von Johannes Paul II. ist die bräutliche Bedeutung des Leibes *die* grundlegende Wahrheit über den Menschen.[66] Um zu verstehen, was es bedeutet, Mensch zu sein, muss man das zuerst verstehen.

Da die Menschen nach dem Bild und Gleichnis Gottes geschaffen sind – und Gott Liebe ist – bedeutet dies, dass die Menschen nach dem Bild und Gleichnis der Liebe geschaffen sind. Sie sind geschaffen, um sich selbst zu einem Geschenk zu machen. Die Kirche erklärt dazu: „Diese Ebenbildlichkeit offenbart, dass der Mensch, der auf Erden

---

64 TdL 32,1; 15,1.
65 TdL 48,5.
66 Vgl. TdL 15,5; 45,3.

die einzige von Gott um ihrer selbst willen gewollte Kreatur ist, sich selbst nur durch die aufrichtige Hingabe seiner selbst vollkommen finden kann."[67] Diese Wahrheit über den Menschen ist in den Leib eines jeden Menschen eingeprägt. Denn in seiner Männlichkeit und Weiblichkeit ist der Leib auf die Gemeinschaft von Personen ausgerichtet.[68]

Im Matthäus-Evangelium fragt Jesus: „Habt ihr nicht gelesen, dass der Schöpfer sie am Anfang männlich und weiblich erschaffen hat und dass er gesagt hat: ‚Darum wird der Mann Vater und Mutter verlassen und sich an seine Frau binden und die zwei werden ein Fleisch sein'?"

Aber warum hat Jesus „darum" gesagt? Was ist der Grund?

Die Vereinigung von Mann und Frau weist auf etwas hin, das über sie selbst hinausweist. Wenn ein Mann und eine Frau Gottes Plan für die Liebe in ihren Leibern leben, machen sie die unsichtbare Liebe Gottes sichtbar. Wenn ein Mensch also nach dem Sinn des Lebens sucht, ist er näher, als er oder sie denken mag. Er ist in die Sexualität eines jeden Menschen als Mann oder Frau eingeprägt: zu lieben wie Gott, indem man sich selbst verschenkt.

---

[67] Gaudium et Spes, 24.
[68] Vgl. TdL 130,5.

Am Anfang erlebte der Mensch das ursprüngliche Glück durch die Entdeckung der bräutlichen Bedeutung des Leibes.[69] Aufgrund ihrer ursprünglichen Unschuld waren Adam und Eva frei, so zu lieben, wie Gott sie geschaffen hatte zu lieben. Anders als bei den Tieren wurde ihre Sexualität nicht vom Instinkt bestimmt, sondern war personal. Sie besaßen das, was Johannes Paul II. die „Freiheit des Geschenks" nannte, weil sie Herr über sich selbst waren.[70]

Diese Freiheit ist die Grundlage für die bräutliche Bedeutung des Leibes. Ohne sie kann die bräutliche Liebe, die eine Liebe der totalen Selbsthingabe ist, nicht existieren. Schließlich kann ein Mensch nicht geben, was er nicht besitzt. Wenn man keine Selbstbeherrschung hat, ist es unmöglich, sich selbst zu einem Geschenk zu machen. Anstatt sich selbst zu verschenken, benutzt man den anderen als Ventil für die empfundenen sexuellen „Bedürfnisse".

Durch Selbstbeherrschung wird eine Person jedoch frei zu lieben. Man könnte sogar sagen, dass mit reinem Herzen zu lieben bedeutet, den Sinn des Lebens wiederzuentdecken.[71] Reinheit ermöglicht es Männern und Frauen eine Kostprobe des „be-

---

[69] Vgl. TdL 15,5.
[70] Vgl. TdL 15.
[71] Vgl. TdL 15,1; 46,6.

glückenden Anfangs" zu erleben, als Adam und Eva ohne Scham nackt waren.[72]

Im Gegensatz zu dem, was viele glauben, bedeutet Reinheit nicht, eine negative Einstellung zur Sexualität zu haben. Das Gegenteil ist der Fall, denn nur wer reinen Herzens ist, kann die Großartigkeit der Sexualität verstehen. Unser Leib offenbart, dass wir nicht einfach nur dazu berufen sind, uns anderen zu schenken, sondern letztlich dazu, uns in diesem und im nächsten Leben Gott zu schenken.[73] Wenn man den sexuellen Akt von der bräutlichen Bedeutung des Leibes loslöst, wird er seiner Tiefe beraubt. Wenn er aber im Licht von Gottes ursprünglichem Plan verstanden wird, verweist er auf die tiefste Sehnsucht des Menschen, die unendliche Liebe.

---

[72] TdL 14.

[73] Vgl. TdL 75,1.

CHRISTUS BERUFT SICH AUF DAS MENSCHLICHE HERZ

Der geschichtliche Mensch

Im ersten Teil seiner Überlegungen konzentriert sich Johannes Paul II. auf Gottes ursprünglichen Plan für die Menschheit. Im nächsten Zyklus wendet er seine Aufmerksamkeit einem zweiten „Wort" Christi zu, das während der Bergpredigt gesprochen wurde. Mit diesem Abschnitt beginnt er, den „geschichtlichen Menschen" zu untersuchen:

> „Ihr habt gehört, dass gesagt worden ist: Du sollst nicht die Ehe brechen. Ich aber sage euch: Wer eine Frau auch nur lüstern ansieht, hat *in seinem Herzen* schon Ehebruch mit ihr begangen."[74]

Es gibt keinen Mangel an „harten Aussagen" im Neuen Testament und dies ist ohne Frage eine von ihnen. Obwohl diese Worte Christi entmutigend oder unmöglich erscheinen mögen, fragt der Papst: „Sollen wir uns vor dem hohen Anspruch dieser Worte *fürchten* oder vielmehr *Vertrauen haben* auf ihren heilbringenden Inhalt, ihre Wirkkraft?"[75]

---

[74] Mt 5,27–28. EU 1980.

[75] TdL 43,7.

Was ist es, das er an diesen Worten so hoffnungsvoll fand? Für die meisten klingen sie schließlich wie eine Verurteilung. Obwohl wir nicht in den Zustand der ursprünglichen Unschuld zurückkehren können, befiehlt Gott nichts, was nicht getan werden kann. Deshalb zeigt die Ermahnung Jesu gegen den Ehebruch im Herzen, dass Reinheit möglich und realistisch ist.[76] Der Grund, warum wir anders denken, ist, dass wir manchmal so sehr an unseren sündigen Gewohnheiten hängen, dass wir unsere Gebrochenheit für normal erklären und uns allmählich mit ihr identifizieren. Wir nehmen an, dass Begierde „natürlich" ist, dass Sünde „menschlich" ist und dass Gott uns „so gemacht hat".

Infolgedessen glauben viele, dass die Kirche keinen Bezug zur Realität hat, wenn sie von der Menschheit etwas anderes erwartet. Aber wenn wir die Macht der Erlösung in Frage stellen, sind wir diejenigen, die von der Realität dessen, was es bedeutet, nach dem Bild und Gleichnis Gottes geschaffen zu sein, abgekoppelt sind.

Mit den Worten des *Katechismus*: „Jesus ist gekommen, um die Schöpfung in der ursprünglichen Reinheit wiederherzustellen."[77] Allzu oft wird die christliche Botschaft auf die Vergebung der Sünden

---

[76] Vgl. TdL 58,5.
[77] KKK, 2336.

reduziert. So wunderbar das auch ist, die Erlösung ist mehr als der Erlass der Sündenschuld. Auch unser Leib und unsere Begierden bedürfen der Erlösung. Die Erlösung des Leibes wird zwar erst am Ende der Zeit vollendet sein, aber sie beginnt jetzt. Die bräutliche Bedeutung des Leibes ist zwar bedroht, aber nicht erstickt worden.[78] Christus ist gekommen, damit sie wiederentdeckt werden kann.

Es ist wichtig zu wiederholen, dass der menschliche Leib nicht durch die Erbsünde böse oder schlecht geworden ist. Johannes Paul II. argumentiert sogar, dass der Körper und die Sexualität ein Wert bleiben, der nicht genügend geschätzt wird.[79] Während die Begehrlichkeit die Bedeutung des Leibes einschränkt, verletzt und entstellt, öffnet die Reinheit des Herzens den Blick für den Leib.[80] Aus diesem Grund appelliert Christus an das Herz. Er weiß, wo der Kampf gewonnen oder verloren wird.

Der Sündenfall

Die Harmonie, die einst zwischen dem Menschen und Gott, dem Menschen und der Schöpfung, dem Mann und der Frau, dem Körper und der Seele des

[78] Vgl. TdL 32,3.
[79] Vgl. TdL 45.
[80] Vgl. TdL 31,6.

Menschen bestand, war leider nur von kurzer Dauer. Der Papst erklärt, dass die Schlange den Menschen dazu einlud, am Herzen Gottes zu zweifeln und nicht zu glauben, dass er den Menschen aus Liebe geschaffen hat.[81] Anstatt die Liebe als Motivation für die Schöpfung zu sehen, wird Gott als Tyrann und Verweigerer betrachtet. Wie der Papst in seinem Buch *Die Schwelle der Hoffnung überschreiten* erklärt, versucht die Erbsünde, „die Vaterschaft ab[zu]schaffen".[82] Der Mensch hat den Vater aus seinem Herzen verbannt.[83] Mit dem Sündenfall beginnt die Ära des geschichtlichen Menschen.

Wie Johannes Paul II. zu Recht bemerkt, ist die Erbsünde „kein isoliertes Ereignis am Anfang der Geschichte".[84] Obwohl manche Menschen die Geschichte der Erbsünde für einen religiösen Mythos halten, ist keine andere Lehre des Christentums leichter zu beweisen. Man braucht nur die Abendnachrichten zu sehen, um zu erkennen, dass die Menschheit mit einem geschwächten Willen, einem ungeordneten Appetit und einem verdunkelten Intellekt behaftet ist. Diese Neigung zur Sünde wird

81 Vgl. TdL 26,4.

82 Johannes Paul II., Die Schwelle der Hoffnung überschreiten, 252.

83 Vgl. TdL 26,4.

84 Johannes Paul II., Jesus, Son and Savior. Boston, Pauline Books & Media, 1996, 31.

Konkupiszenz genannt. Sie ist es, die den Menschen immer wieder dazu bringt, die Grenze zwischen dem passiven Erleben der Versuchung und der aktiven Entscheidung für sie zu überschreiten.[85]

Aufgrund der Erbsünde beherrscht der Mensch seinen Körper nicht mehr mit der gleichen Leichtigkeit wie der ursprüngliche Mensch, mit Einfachheit und Natürlichkeit.[86] Am Anfang war das Verlangen des Menschen richtig geordnet, weil Leib und Seele in Harmonie waren. Der Mensch kämpfte nicht darum, die Herrschaft über seine leiblichen Sehnsüchte zu erlangen. Aber durch seine Neigung zur Sünde (Konkupiszenz) verliert der Mensch die innere Freiheit des Geschenks. Johannes Paul II. weist darauf hin, dass die Schönheit des männlichen und weiblichen Leibes als Ausdruck des Geistes getrübt wird.[87] Daraus folgt, dass die Subjektivität der Person der Objektivität des Körpers Platz macht.[88] *„Die Beziehung des Geschenks wandelt sich in eine Beziehung der Aneignung.*"[89] Schenken wird zum Nehmen. Die Schenkung wird zum Besitz degradiert.[90] Die Wurzel der sexuellen Konkupiszenz

[85] Vgl. Wojtyła, Liebe und Verantwortung, 233–235.
[86] Vgl. TdL 28,3.
[87] Vgl. TdL 32,6.
[88] Vgl. TdL 32,5.
[89] TdL 32,6.
[90] Vgl. TdL 31,3.

liegt also darin, das Geschenk zu verdächtigen und dem Vater den Rücken zuzukehren. Die Sünde hat ihren Ursprung in unserem Geist, nicht in unserem Fleisch.

Einsetzen der Scham

Nach dem Sündenfall versteckten sich Adam und Eva vor Gott (und voreinander) und nähten Feigenblätter zusammen, um ihre Nacktheit zu verbergen. Viele Menschen nehmen an, dass sie sich für ihren Körper schämten oder sich unsicher fühlten. Aber die Scham, die sie empfanden, war nicht auf die Erkenntnis zurückzuführen, dass mit ihrem Leib etwas nicht in Ordnung war. Ihre Körper blieben „sehr gut".

Was nicht gut war, war, dass sie den Frieden des inneren Blicks verloren hatten. Die Einfachheit und Reinheit von Adams und Evas ursprünglicher Erfahrung war zerbrochen.[91] Durch die Sünde büßten sie die Klarheit des Schauens ein, die ihnen die ursprüngliche Unschuld bot. Deshalb verspürten sie das Bedürfnis, ihren Körper zu verhüllen. Vor allem verhüllten sie die Teile ihres Körpers, die ihre Weiblichkeit und Männlichkeit bestimmten.[92]

---

[91] Vgl. TdL 29,2.
[92] Vgl. TdL 29,5.

Dieses fehlende Vertrauen zwischen ihnen zeigte, dass ihre Einheit gefährdet war.[93] Johannes Paul II. erklärt: „Die Worte in Genesis 3,10: ‚Ich bekam Angst, weil ich nackt bin, und habe mich versteckt', bestätigen den Zusammenbruch der ursprünglichen Bejahung des Körpers als Zeichen der Person in der sichtbaren Welt."[94] Obwohl ihre Sexualität – als Mann und Frau – ursprünglich ihren Ruf nach Vereinigung offenbarte, wurde sie zu einem Hindernis in ihrer persönlichen Beziehung.[95] Johannes Paul II. fährt fort: „Der Unterschied zwischen männlichem und weiblichem Geschlecht wurde jäh empfunden und als Element des Gegensatzes der Personen verstanden."[96]

Jede Person möchte in ihrem vollen Wert bestätigt werden, aber ohne die ursprüngliche Unschuld weicht die Person zurück. Die sexuellen Werte, die einst die Wahrheit der Person offenbart haben, werden nun verborgen, um den Wert der Person zu schützen. Deshalb bemerkt der Papst zu Recht, dass sie sich nicht so sehr des Körpers als vielmehr der Begierde schämten.[97] Um seine Gedanken zu verstehen, ist es notwendig, zuerst

[93] Vgl. TdL 29,5.
[94] TdL 27,4.
[95] Vgl. TdL 29,3.
[96] TdL 29,2.
[97] Vgl. TdL 28,5.

diese tiefere Dimension der sexuellen Scham zu verstehen.

Gesunde Scham

Wenn die Menschen an Scham denken, setzen sie diese meistens mit ungesunden Schuldgefühlen gleich. Wenn Schuldgefühle einem Menschen sagen: „Ich habe etwas Schlechtes getan", sagt Scham ihm: „Ich *bin* schlecht dessentwegen, was ich getan habe." Diese ungesunde Scham ist nicht das, was Johannes Paul II. im Sinn hat. Vielmehr ist Scham im Kontext der Theologie des Leibes verstanden eine Tendenz, die sexuellen Werte so weit zu verbergen, um zu verhindern, dass sie den Wert der Person in den Schatten stellen, und so einen Weg hin zur Liebe zu öffnen.[98] Da sie in der Würde der Person verwurzelt ist, bewahrt die Scham, wenn sie eine Bedrohung des Wertes erkennt, den Wert auf eine innere Weise.[99] Deshalb sieht Johannes Paul II. die Scham als einen natürlichen Weg, den Wert der Person zu entdecken.[100] Die Scham distanziert zwar den Mann von der Frau, schafft aber gleichzeitig die geeignete Grundlage für eine personale Annä-

---

[98] Vgl. Wojtyła, Liebe und Verantwortung, 275.
[99] Vgl. TdL 12,1; vgl. 28.
[100] Vgl. Wojtyła, Liebe und Verantwortung, 276.

herung zwischen den beiden.[101] Mit anderen Worten: Sie legt die Regeln für die Gemeinschaft von Personen fest.[102]

Am Anfang waren Mann und Frau aufgrund ihrer Liebe und der Tatsache, dass sie sich der Bedeutung des Leibes bewusst waren, immun gegen Scham.[103] Darin sieht der Papst „die Besonderheit der ursprünglichen Unschuld", die es dem Menschen ermöglichte, die bräutliche Bedeutung des Leibes zu erkennen.[104] Die ursprüngliche Unschuld schließt das Bedürfnis nach Scham von vornherein aus. Obwohl eine solche Reinheit des Herzens dem modernen Menschen weit entfernt zu sein scheint, bleibt ein Echo der ursprünglichen Unschuld in uns bis heute – in dem, wer wir sind und wozu wir füreinander bestimmt sind.[105]

Mäßigung als Hüter der Liebe

Wenn das Konzept der „Mäßigung" in der heutigen Kultur erwähnt wird – insbesondere an säkularen Hochschulen –, wird jede Hoffnung auf einen rationalen Dialog durch die Anschuldigung über-

---

[101] Vgl. TdL 12,1.
[102] Vgl. ebd.
[103] Vgl. TdL 16,2.
[104] TdL 16,3.
[105] Vgl. TdL 46,5.

tönt, dass diejenigen, die für Mäßigung eintreten, „Slut-Shaming“[106] betrieben und eine „Vergewaltigungskultur“ befürworteten, weil sie es versäumten, „körperfreundlich“ zu sein. Es gibt anaphylaktische Reaktionen auf das Wort, als ob Mäßigung verlange, dass die Rechte der Frau ins Mittelalter zurückgerollt werden. Aber Johannes Paul II. zeigt ein sensibles Verständnis dafür, warum der Begriff oft eine so heftige Reaktion hervorruft.

Im Laufe der Geschichte haben die Menschen den Körper – vor allem den der Frau – als Ursache für die Begierde verantwortlich gemacht. Die Frau wird als Verführerin, als Anlass zur Sünde gesehen. Doch für Johannes Paul II. ist die Begierde ein Problem des Herzens, nicht des Körpers. Den Körper für die Begierde verantwortlich zu machen, ist ein Schlupfloch, um das wahre Problem zu umgehen: unser Herz.[107]

Selbst wenn sich jede Frau von Kopf bis Fuß bekleiden würde, bliebe die Begierde bestehen. Anders ausgedrückt: Ein Dieb wird nicht zum Menschenfreund, wenn die Juwelen weggeschlossen werden. Die Ursache des Diebstahls sind nicht die Juwelen

---

[106] Anm. d. Übers.: Unter *Slut-Shaming* ist die Abwertung von Frauen aufgrund bspw. ihres sexuellen Verhaltens oder ihrer Kleidung zu verstehen, wofür ihnen Schuldgefühle eingeredet werden.

[107] Vgl. TdL 44,6.

im Schaufenster des Geschäfts, sondern die Gier im Herzen des Diebes.

Überlege, warum die Polizei manchmal „Köderautos“ in Gegenden mit hoher Kriminalität aufstellt. Sie lässt die Schlüssel in der Zündung eines leeren und unverschlossenen Autos stecken und legt wertvolle Gegenstände hinein, um die Aufmerksamkeit auf das Auto zu lenken. Menschen, die kein Bedürfnis haben zu stehlen, gehen ohne Schwierigkeiten an dem Fahrzeug vorbei. Diejenigen, die zu einem Diebstahl neigen, ergreifen jedoch oft die Gelegenheit und landen im Gefängnis … nur, um dann der Polizei die Schuld zu geben, sie „reingelegt“ zu haben.

So ist es auch mit dem Körper. Nur eine falsche Vorstellung von Mäßigung überträgt das Übel der Begierde auf ihr Objekt. In der menschlichen Sexualität ist das Objekt der Sehnsucht weder böse noch schlecht. Der Papst wies sogar darauf hin, dass „der Sieg mit dem Bemühen einhergehen [muss], den echten Wert des Objekts zu entdecken“.[108] Das ist ein Grund, warum es so kontraproduktiv ist, die Schuld an der Begierde auf den Körper zu schieben; dadurch beraubt der Mensch den Körper seiner einfachen und reinen Bedeutung.[109]

[108] TdL 45,5.
[109] Vgl. TdL 31,1.

Der Körper ist nicht das Problem. Wenn überhaupt, dann ist er die Antwort! Ein orthodoxer Gelehrter bemerkte sogar: „Schönheit ist das Einzige, was das Auge keusch machen kann."[110] Schließlich kann Tugend nur durch die Liebe zum Guten erlangt werden, nicht durch die bloße Abwehr des Bösen. Es geht nicht darum, den Körper dauerhaft zu verhüllen, sondern seine Bedeutung zu entschleiern, damit die Herrlichkeit Gottes im Körper sichtbar wird. Es geht darum, die tiefsten Regungen im Herzen des Menschen zu verändern.

Das soll nicht heißen, dass die Menschen tragen sollen, was sie wollen, ohne Rücksicht auf die Schwäche der anderen. Vielmehr spielt die Mäßigung eine wesentliche Rolle bei der Umwandlung der Herzen derjenigen, die zur Begierde neigen. Denn Mäßigung ist eine Einladung zur Kontemplation. Sie erinnert daran, dass der Leib einer Person kein öffentliches Eigentum und auch nicht das Beste ist, was eine Person der Welt zu bieten hat. Vielmehr ist der Leib eine Einladung zur Liebe. Aber diese bräutliche Bedeutung des Leibes muss vor der Konkupiszenz geschützt werden und das ist der Zweck der Mäßigung.

Das ist nicht nur die Aufgabe der Frau. Tatsächlich ist Mäßigung ebenso wenig die ausschließliche

---

[110] Timothy Patitsas, Chastity and Empathy, Eros, Agape, and the Mystery of the Twofold Anointing, Road to Emmaus 1, no. 60. Winter, 2015, 7.

Angelegenheit der Frauen genauso wenig wie die Begierde das ausschließliche Problem der Männer ist. Es ist das Herz des Menschen – männlich und weiblich –, das der Erlösung bedarf.

Das Herz des Menschen

In seinen Reflexionen über den geschichtlichen Menschen wiederholt Papst Johannes Paul II. nicht nur die Worte Christi über den Ehebruch im Herzen, sondern er erwähnt den Ehebruch beinahe 200 Mal in diesem einen Zyklus von Lehren und vertieft ihn allmählich jede Woche! Aber warum die Nachdrücklichkeit und warum war Jesus so besorgt über das, was nur im Herzen geschieht, und nicht über das, was tatsächlich im Körper geschieht?

Jesus ist vom Herzen besessen, denn wer auch immer das Herz gewinnt (Liebe oder Begierde, Gott oder der Teufel), gewinnt den Verstand, die Augen, den Körper und die Seele … für die Ewigkeit. Die Taten kommen aus dem Herzen und das Schicksal des Menschen wird durch seine Taten bestimmt. Jesus ist besessen vom Herzen, denn dort kennen und leben wir die bräutliche Bedeutung des Leibes. Was auf dem Spiel steht, ist der Sinn des Lebens: ein Leben nach dem Bild und Gleichnis Gottes.[111]

---

[111] Vgl. TdL 49,5.

Das menschliche Herz ist „zum Kampfplatz geworden zwischen Liebe und Begehrlichkeit".[112] Je mehr die Konkupiszenz das Herz beherrscht, desto weniger erfahren wir die bräutliche Bedeutung des Leibes und desto weniger sind wir für das Geschenk des anderen empfänglich.[113] Wir fangen an, andere als Objekte zu sehen, die benutzt werden können, anstatt als Personen, die zu lieben sind; und wir verlieren die Tatsache aus den Augen, dass andere um ihrer selbst willen geschaffen wurden, nicht um unseretwillen.[114]

Die Art und Weise, wie ein Mensch einen anderen ansieht, ist wichtig, denn der Blick drückt aus, was im Herzen ist. Wir verraten durch unsere Blicke, wer wir sind.[115] In seinem Schreiben über die Würde und die Berufung der Frau erklärt der Papst: „Daher muss jeder Mann bei sich erwägen und schauen, ob diejenige, die ihm sowohl als Schwester im selben Menschsein wie auch als Ehefrau anvertraut ist, nicht in seinem Herzen zum Objekt des Ehebruchs geworden ist."[116]

Der Papst räumte ein, dass die Worte Christi über den Ehebruch im Herzen streng sind und von uns verlangen, unsere inneren Handlungen, Motive

---

[112] TdL 32,3.
[113] Vgl. ebd.
[114] Vgl. TdL 32,5.
[115] Vgl. TdL 39,4
[116] Mulieris Dignitatem, 14.

und Regungen zu prüfen.[117] Er erklärte, „*dass der innere Mensch von Christus gerufen ist, eine reife und vollkommene Präzision zu gewinnen, die ihn die verschiedenen Strömungen seines eigenen Herzens unterscheiden und werten lässt.* Und man muss hinzufügen, dass diese Aufgabe bewältigt werden kann und dass sie wirklich menschenwürdig ist".[118]

Obwohl die Worte Christi über den Ehebruch im Herzen fordernd sind, sind sie keine Verurteilung sondern ein Ruf. Seine Worte sind nicht nur eine Aufgabe, sondern ein Geschenk. Indem er die Worte Christi wiederholt, erinnert der Papst die Kirche inmitten unserer Gebrochenheit, unserer Abhängigkeiten und unseres geschwächten Willens, dass unser Ruf zur Liebe tiefer geht als unser Drang, den anderen zu gebrauchen. Ganz gleich, wie belastet unsere Herzen unter der Last der Sünde sein mögen, ein Echo von Eden bleibt in ihnen.

Johannes Paul II. weist darauf hin, dass das Bewusstsein unserer Sündhaftigkeit ein notwendiger Ausgangspunkt für den geschichtlichen Menschen und eine Voraussetzung für das Streben nach Tugend, Reinheit des Herzens und Vollkommenheit ist.[119] Ein allgemeines Gefühl für unsere Unzulänglichkei-

---

[117] Vgl. TdL 48,3.
[118] TdL 48,4.
[119] Vgl. TdL 49,7.

ten reicht nicht aus. Christus zeigt, „wie notwendig es ist, das tiefste Innere des Menschenherzens aufzudecken, damit dieses Herz zu einem Ort der ‚Erfüllung' des Gesetzes werden kann".[120]

Mit „Erfüllung" meinte der Papst nicht, dass man um der Einhaltung äußerer religiöser Regeln willen tadellos gehorcht. Vielmehr ist die Liebe die Erfüllung des Gesetzes. Wenn man die bräutliche Bedeutung des Leibes wiederentdeckt, kann man dies durch die „Freiheit des gegenseitigen Geschenks" zum Ausdruck bringen.[121]

Wenn die tiefsten Beweggründe unseres Herzens vom Mangel an Liebe, der Sünde ist, beherrscht werden, sind wir nicht frei zu lieben oder uns zu einem Geschenk zu machen. Moralische Gesetze scheinen dann nichts weiter zu sein als äußere Einschränkungen, die unsere Freiheit begrenzen. Wenn wir uns aber bewusst werden, dass es die inneren Zwänge der Sünde sind, die unsere Freiheit zu lieben einschränken, werden wir den Wunsch haben, sie zu bekämpfen und wahre Befreiung zu erfahren. Auch wenn dies von uns verlangt, dass wir unserem Herzen und unserem Leib gegenüber fordernd sind, so hat doch die wahre Liebe keine Angst vor Opfern.[122]

---

[120] TdL 43,5.
[121] TdL 43,6.
[122] Vgl. TdL 43,5.

Das Problem der Begierde

Frei zu sein, um zu lieben, klingt verlockend, aber ein größeres Hindernis, das dem im Wege steht, ist die Begierde. Leider setzen viele Menschen Begehren oder sexuelles Verlangen generell mit Begierde gleich. Sie gehen davon aus: Wenn Jesus gesagt hat, dass Begierde schlecht ist, dann müssen sexuelle Anziehung, Vergnügen und Leidenschaft auch unheilig sein. Das hält nicht nur zahllose Menschen davon ab, nach Reinheit zu streben, sondern ist auch eine Quelle großer Entmutigung für diejenigen, die es tun. Wenn nämlich sexuelles Begehren Begierde ist und das sexuelle Verlangen nicht ausgelöscht werden kann, dann ist Reinheit nicht nur ungesund, sondern auch nicht möglich! Gottseidank geht es bei der Reinheit nicht darum, sexuelles Verlangen zu löschen, sondern es mit Liebe zu entfachen.

Wenn wir die Bedeutung der Begierde verstehen, wird klar, warum sie der Feind der leidenschaftlichsten Form der Liebe ist. *Begierde ist die Reduktion einer Person auf ihren sexuellen Wert.* Michael Waldstein erklärt: Dies geschieht, „wenn ein Mann oder eine Frau es versäumt, die volle Attraktivität der anderen Person zu sehen und sie allein auf die Attraktivität des sexuellen Vergnügens reduziert".[123] Dies führt dazu, dass Individuen – und ganze Kulturen – den

[123] Johannes Paul II., Man and Woman He Created Them, 225.

Wert von Menschen auf der Grundlage des Grades an Leidenschaft messen, den jene erwecken. Sie werden in dem Maße wertvoll und nützlich, wie sie vergnüglich sind. Christopher West bemerkt zu Recht: „Authentische sexuelle Anziehung ist immer eine Anziehung zur Schönheit des anderen als Person, nicht nur als Objekt des selbstsüchtigen Konsums. Das ist der enorme Wert der Tugend der Keuschheit."[124]

Entgegen der verbreiteten Meinung verstärkt die Begierde nicht die Anziehungskraft. Sie stumpft sie ab. Volkmar Sigusch, ein deutscher Sexualwissenschaftler, dessen Denken die sexuelle Revolution maßgeblich beeinflusst hat, stellte fest: „Ein wesentliches Merkmal dieser Revolution ist die gewaltige Veröffentlichung bisher geheimer Details und deren Kommerzialisierung. Das Sexuelle ist banalisiert worden. Interessant dabei ist, dass die übertriebene Inszenierung das Begehren offenbar wirksamer zerstört als alle Repressionen."[125]

Ein Grund dafür ist, dass die Begierde nicht nur die Person entwertet, sondern auch den Wert des Leibes und die Bedeutung der Anziehung schmälert. Die Begierde macht den Menschen blind für die bräut-

---

[124] Christopher West, Heaven's Song. West Chester, PA., Ascension Press, 2008, 47.

[125] Thomas Hüetlin u. Claudia Voigt, Sexologist Volkmar Sigusch: "Our Society Is Still Ignorant about Sex", Spiegel Online, 11.3.2011, in der dt. Fassung: „König Sex", 28.2.2011.

liche Bedeutung des Leibes. Papst Johannes Paul II. verwendet eine ernste Sprache, um die Auswirkungen zu beschreiben, indem er sagt: Die Begierde „stampft über die Ruine der bräutlichen Bedeutung des Leibes [...] hinweg und strebt [...] direkt und ausschließlich zu einem Ziel: *einzig und allein die sexuellen Bedürfnisse an einem Körper als Objekt zu befriedigen*".[126] Dies ist eine Täuschung des menschlichen Herzens über unsere Berufung als Mann und Frau.[127] Der andere Mensch hört auf, ein Subjekt der ewigen Anziehung zu sein und wird nichts weiter als ein Objekt des Genusses.[128]

In den Augen des Papstes ist die Begierde nicht nur ein Verrat an der Liebe, sondern ein Verrat an dem, was es bedeutet, Mensch zu sein. Obwohl viele davon ausgehen, dass Begierde natürlich ist, ist es zutreffender zu sagen, dass nichts unnatürlicher sein könnte. Wenn wir nach dem Bild und Gleichnis der Liebe geschaffen sind, ist Begierde nicht das, wer wir sind. Deshalb kann sich ein Mensch jahrzehntelang an der Begierde laben, nur um dann das unausweichliche Gefühl zu haben, dass er oder sie am verhungern ist.

---

126 TdL 40,4.
127 Vgl. TdL 40,1.
128 Vgl. TdL 40, 5.

Wenn wir jedoch die Tugend der Reinheit erlangen, so erklärt Johannes Paul II., „bedeutet [das], dass er [der Mensch] die eigentliche, nicht zweckgebundene Schönheit des menschlichen Körpers, der Männlichkeit und der Weiblichkeit, immer besser entdeckt. Gerade diese zweckfreie Schönheit wird zum Orientierungslicht für seine Handlungen".[129] Das Ziel der Reinheit besteht nicht darin, prüde oder puritanisch zu sein, sondern das Geheimnis Gottes im und durch den Körper zu sehen!

Eros und Agape

Leidenschaft und Reinheit stehen nicht in Konkurrenz zueinander. Vielmehr bedürfen sie einander, um zu gedeihen. Viele verstehen, wie Leidenschaft die Liebe bereichern kann, aber nur wenige erkennen, wie Reinheit die Leidenschaft intensiviert. Noch weniger erkennen, wie wichtig Leidenschaft für die Entwicklung von Reinheit ist. Ein Grund, warum so viele Menschen annehmen, dass sie unvereinbar sind, liegt in einem Missverständnis der griechischen Wörter *Agape* und *Eros*. Diese Begriffe werden oft auf die Begriffe „Gottes bedingungslose Liebe" und „leidenschaftliche, erotische Liebe" reduziert. Diese Vereinfachung ist irreführend.

[129] Johannes Paul II., Erinnerung und Identität, 44.

Michael Waldstein erklärt: „Folgt man Johannes Paul II., so sollte man eine übertriebene Unterscheidung zwischen Eros und Agape, zwischen sexueller Erfüllung und der uneigennützigen Selbsthingabe in der Liebe zwischen Mann und Frau vermeiden. Es wäre keine Agape, sondern ein Schlag ins Gesicht des Ehepartners, zu sagen: ‚Ich gebe mich dir nur zu deinem eigenen Wohl. Ich bin an keinerlei (sinnlicher) Freude oder Lust interessiert, die du mir bereiten könntest.'"[130] Aufopferung und Sinnlichkeit sind beide Ausdruck der bräutlichen Liebe.

Johannes Paul II. weist darauf hin, dass Eros für Platon „die innere Kraft [ist], die den Menschen zu allem hinträgt, was gut, wahr und schön ist".[131] Eros ist also nicht das Problem. Die Begierde ist es. Die Begierde reduziert den Eros und setzt ihn herab. In der Beziehung zwischen Mann und Frau lenkt der wahre Eros den einen auf den Wert des anderen in der Fülle seiner Männlichkeit und Weiblichkeit als Person, nicht nur auf den sexuellen Wert des Körpers. Diese ausgewogene Vorstellung von Eros lässt Raum für das Ethos (die innersten Werte der Person). Der Papst erklärt, „dass im erotischen Bereich ‚Eros' und ‚Ethos' nicht auseinandergehen, nicht zueinander im Gegensatz stehen, sondern *dazu be-*

---

[130] Johannes Paul II., Man and Woman He Created Them, 125.
[131] TdL 47,2.

stimmt sind, im menschlichen Herzen einander zu begegnen und Früchte zu tragen".[132] Es ist nicht nur möglich, das Erotische mit dem Ethischen zu vereinen, sondern es ist notwendig. In der Ehe treffen Ethos und Eros zusammen.[133]

Obwohl Menschen dazu neigen, Ethik als Verbote und Gebote zu betrachten, ist es wichtig, die tieferen Werte, die diese Normen schützen und gewährleisten ans Licht zu bringen.[134] Der Papst erklärt:

> Es gilt, im „Erotischen" fortwährend die bräutliche Bedeutung des Leibes und die wahre Würde des Geschenks zu beachten. Hier liegt eine Aufgabe des menschlichen Geistes, eine Aufgabe, die ethischen und sittlichen Charakter hat. Wird diese Aufgabe nicht geleistet, können die Anziehungskraft der Sinne, die Leidenschaft des Körpers und sogar die Echtheit der Gefühle bei einem Begehren stehenbleiben, das den Wert nicht genügend schätzt, und der Mensch, Mann und Frau, erfährt nicht jene Fülle des Eros, die den Aufschwung des menschlichen Geistes zum Wahren, Guten und Schönen bedeutet und wodurch auch das Erotische wahr, gut und schön wird.[135]

---

[132] TdL 47,5.
[133] Vgl. TdL 101,3.
[134] Vgl. TdL 47,6.
[135] TdL 48,1.

Jesus ist nicht nur gekommen, um die Seelen der Verlorenen zu erlösen, sondern um unser Menschsein – Leib und Seele – mit allem, was uns als Menschen ausmacht, einschließlich unserer sexuellen Sehnsüchte, zurückzugewinnen. Deshalb ist die Verwandlung des Eros ein integraler Bestandteil des christlichen Lebens.[136] Auch hier geht es nicht darum, das Verlangen zu schwächen. Vielmehr erklärt Johannes Paul II., dass die Umsetzung dieser Prinzipien die Ausdrucksformen der Zuneigung „geistlich intensiver [macht] und [sie] *bereichert*".[137]

Daher sind Eros und Agape nicht nur keine Rivalen, sondern sie stützen sich gegenseitig, um ihre Vollkommenheit zu erreichen. Mit den Worten des Papstes: „Die Agape führt den Eros zur Erfüllung, indem sie ihn läutert."[138] Oder wie ein orthodoxer Theologe erklärte: „Ohne Agape bleibt der Eros verkümmert, unvollständig – schließlich bricht er zusammen und ist nicht einmal mehr Eros; das Feuer erlischt und alles, was bleibt, ist die ursprüngliche Sorge um das Selbst. Ein solcher Eros hat sich nie über die Selbstliebe erhoben."[139] Weil sie in der Selbstliebe wurzelt, ist Unkeuschheit „die totale

[136] Vgl. TdL 47,5.
[137] TdL 128,3.
[138] TdL 113,5. Anhang: Audienz vom 6.6.1984.
[139] Patitsas, ebd., 10.

Niederlage des Eros".[140] Sie ist eine schwache und unvollständige Form des Begehrens. Dagegen ist „Keuschheit Eros in seiner heiligen Form".[141]

Der *Katechismus* greift dies auf, indem er sagt, dass die Reinheit „uns den menschlichen Leib, unseren eigenen wie den des Nächsten, als […] Spur der göttlichen Schönheit wahrnehmen [lässt]".[142] Wir mögen eine intellektuelle Vorstellung von der Würde des Menschen haben, aber wenn wir von Begierde getrieben sind, können wir diese Wirklichkeit nicht tief empfinden und erfahren. Am Anfang wurde Eros als die Kraft gegeben, so zu lieben, wie Gott liebt. Er war ein Vorgeschmack und eine Einladung zu seiner endgültigen Erfüllung in der ewigen Gemeinschaft mit Gott und er will seine ursprüngliche Bestimmung wiederherstellen.

Diese theologischen Einsichten klingen wunderschön, aber sie mögen so himmlisch erscheinen, dass wir uns fragen, wie sie mit unserem irdischen Leben zusammenhängen. Wie ist eine solch leidenschaftliche Reinheit möglich, wenn unsere Herzen und unser Verstand so oft von der Sünde verwirrt sind? Ist es wirklich möglich, den menschlichen Körper als eine „Manifestation göttlicher Schönheit" zu sehen?

---

140 Ebd., 42.
141 Ebd., 7.
142 KKK, 2519.

Die Liebe absorbiert die Scham

Während viele Menschen davon ausgehen, dass Mäßigung ein Synonym für weite Kleidung ist (man stelle sich einen knöchellangen, unförmigen, karierten Pullover vor), ist Papst Johannes Pauls II. Vision tiefergehend. Er erklärt: „Die Reinheit ist die Herrlichkeit des menschlichen Leibes vor Gott. Sie ist die Herrlichkeit Gottes im menschlichen Leib, durch den sich der Mensch als Mann oder Frau zu erkennen gibt."[143]

Für manche mag diese Definition von Reinheit eine kopernikanische Wende gegenüber all dem sein, was sie über den Leib gelernt haben. Er ist nicht schlecht oder schmutzig. Wäre er das, dann gäbe es keine reine Art, ihn zu betrachten. Ehepartner wären zu Mäßigung und Reinheit nicht fähig, ebenso wenig wie Künstler, Ärzte usw. Wie aber kann man die Bedeutung des Leibes vor der Konkupiszenz schützen?

In *Liebe und Verantwortung* erklärt er Folgendes:

> Der Mensch ist leider kein so vollkommenes Wesen, dass der Anblick des Leibes einer anderen Person, insbesondere einer Person des jeweils anderen Geschlechts, in ihm bloß ein uneigennütziges Wohlgefallen erwecken kann,

[143] TdL 57,3.

> das sich zu einer lauteren Liebe zu dieser Person entwickelt. In der Praxis weckt er auch das Begehren oder einen Wunsch des Gebrauchens, der sich ohne Rücksicht auf den Wert der Person auf sexuelle Werte konzentriert.[144]

Der Papst versteht die Realität der Versuchung. Er weiß, dass jeder Mensch sich anstrengen muss, um seine Sehnsüchte nach den Forderungen der echten Liebe zu ordnen. Aber mit der Zeit und mit Hilfe der Gnade beginnt sich diese Aufgabe natürlicher anzufühlen. Die Beziehungen zu anderen – einschließlich derjenigen des anderen Geschlechts – sind von größerer Einfachheit und Freiheit geprägt.[145] Er fügt hinzu:

> Der Mensch begegnet Gott in allem, ist in allem und durch alles in Kontakt mit ihm. Die erschaffene Welt ist nicht mehr wie früher – vor allem, als er sich noch auf dem Weg der Läuterung befand – eine Gefahr für ihn. Die Dinge und besonders die Menschen gewinnen nicht nur das ihnen eigene Licht zurück, das der Schöpfergott in sie hineingelegt hat, sondern sie stellen – wenn man das so ausdrücken kann – ‚einen direkten Zugang' zu Gott selbst dar.[146]

[144] Wojtyła, Liebe und Verantwortung, 280.
[145] Johannes Paul II., Erinnerung und Identität, 44f.
[146] Ebd., 46.

Obwohl Johannes Paul II. alle Menschen ermutigt, sich um diese Läuterung zu bemühen, wurde er nach einer seiner Audienzen über die Theologie des Leibes, in der er sagte, dass Ehemänner nicht begierig nach ihren Frauen sein sollten, heftig kritisiert.[147] Damit tadelte er nicht die Männer, die sich sexuell zu ihren Frauen hingezogen fühlten. Er erinnert sie vielmehr daran, ihre Ehefrauen nicht als Objekte zu betrachten, die sie zu ihrer Befriedigung benutzen können.

Genauer gesagt, ermutigte er sie, ihre Frauen mit der friedlichen Gewissheit zu segnen, die nur aus einem reinen Verlangen kommt. Wie bereits erwähnt, erfuhr Eva am Anfang „den ganzen Frieden des inneren Blicks". Etwas Ähnliches geschieht in einer heiligen Ehe. In der Gegenwart echter Liebe verliert die Scham ihre Existenzberechtigung. Wie er in *Liebe und Verantwortung* erklärt: „Die Scham wird sozusagen von der Liebe aufgenommen, in ihr aufgelöst, sodass die Frau und der Mann sich nicht länger darüber schämen, dass sie ihre Erfahrung sexueller Werte miteinander teilen."[148] Die Art und Weise, wie Männer und Frauen ihre Zuneigung ausdrücken, sollte diesen Frieden schützen.[149]

---

[147] Vgl. TdL 43.

[148] Wojtyła, Liebe und Verantwortung, 267.

[149] Vgl. TdL 132,5.

Meister des Argwohns

Papst Johannes Pauls II. Vision der menschlichen Liebe ist eine hoffnungsvolle, denn sie widerspricht der weit verbreiteten Vorstellung – auch innerhalb des Christentums –, dass Begierde die einzige Möglichkeit sei, den menschlichen Körper zu betrachten. Wenn wir diesem Pessimismus nachgeben, verlieren wir nicht nur die Hoffnung auf Liebe, sondern werden, so der Papst, zu „Meistern des Argwohns".[150]

Gegen diese Denkweise verkündet er:

> [Wir können] das menschliche Herz nicht wegen des Begehrens und der Begehrlichkeit des Fleisches ausschließlich anklagen. *Der Mensch darf nicht stehen bleiben bei der ständigen und gnadenlosen Anklage des Herzens.* [...] Die Erlösung ist eine Wahrheit und Wirklichkeit, in deren Namen der Mensch sich gerufen, „wirksam gerufen" fühlen soll.[151]

Dieser Punkt hat größere Auswirkungen darauf, die Theologie des Leibes zu leben. Er beharrt darauf: „Dieser Sinn des Lebens ist die Antithese zur Hermeneutik ‚des Argwohns'."[152] Wenn es unmöglich ist,

[150] TdL 46.
[151] TdL 46,4.
[152] TdL 46,6.

den menschlichen Leib richtig zu betrachten, dann bleibt seine bräutliche Bedeutung verschleiert. Unsere Berufung, wie Gott zu lieben, wird unter einer nicht endenwollenden Neigung zum Gebrauch erstickt. Obwohl es notwendig ist, das Vorhandensein der Konkupiszenz anzuerkennen, können wir den Menschen nicht allein durch die Konkupiszenz definieren.[153] Im menschlichen Herzen gibt es ein größeres Potenzial als unseren geschwächten Willen und unser ungeordnetes Verlangen. Der Papst erklärt:

> Es kommt darauf an, dass er sich gerade in seinem „Herzen“ nicht unwiderruflich angeklagt und der Begehrlichkeit des Fleisches preisgegeben, sondern wirksam gerufen fühlt. Gerufen zu jenem höchsten Wert, der die Liebe ist. Gerufen in der personalen Wahrheit seines Menschseins, also auch in der Wahrheit seines Mann- bzw. Frauseins, in der Wahrheit seines Leibes. Gerufen in jener Wahrheit, die Erbe von „Anfang“ an, Erbe seines Herzens ist und tiefer reicht als die ererbte Sündhaftigkeit, tiefer als die dreifache Begehrlichkeit. Die Worte Christi, die in die gesamte Wirklichkeit der Schöpfung und Erlösung eingeordnet sind, machen jenes tiefere Erbe wirksam und verleihen ihm wahre Kraft im menschlichen Leben.[154]

---

[153] Vgl. TdL 46,2.

[154] TdL 46,6.

Johannes Paul II. fragt:

> Aber welches sind die „konkreten Möglichkeiten des Menschen?" Und von *welchem* Menschen ist die Rede? Von dem Menschen, der von der Begierde *beherrscht* wird, oder von dem Menschen, *der von Christus erlöst wurde*? Schließlich geht es um Folgendes: um die *Wirklichkeit* der Erlösung durch Christus. *Christus hat uns erlöst!* Das bedeutet: Er hat uns die *Möglichkeit* geschenkt, *die ganze Wahrheit* unseres Seins zu verwirklichen; Er hat unsere Freiheit *von der Herrschaft* der Begierde befreit.[155]

Denk über diese Worte nach. Die Worte Jesu haben die Macht, das tiefste Erbe des menschlichen Herzens zu reaktivieren und ihm Kraft zu geben!

Negative und positive Reinheit

Wie lassen sich diese Worte des Papstes mit den vielen Ermahnungen der Heiligen Schrift, von Gelegenheiten zur Sünde wegzusehen, in Einklang bringen? Zum Beispiel warnt Sirach 9,8: „Wende das Auge von einer wohlgeformten Frau ab und blick nicht begehrlich auf eine fremde Schönheit! Durch die Schönheit einer Frau sind schon viele verführt worden; daran entzündet sich Leidenschaft wie Feuer." Diese Worte

[155] Johannes Paul II., Veritatis Splendor, 103.

verlieren nicht ihre Gültigkeit, denn sie bleiben ein erster Schritt hin zur Reinheit. Der Papst würde sie als eine Form der „negativen Reinheit" betrachten.

Leider verharren viele in diesem Zustand und erkennen dabei nicht, dass man sich von den Versuchungen *abwenden* muss, um *in* unser eigenes Herz und *zu* Gott hinaufzuschauen, um zu lernen, den anderen als Person zu sehen. Ein Priester bemerkte: „Die Reinheit des Herzens liegt nicht in erster Linie in dem, wovon wir uns abwenden, sondern in dem, dem wir uns zuwenden."[156] Wegschauen ist nicht das endgültige Ziel. Zu lernen wie man sieht, ist das Ziel. Deshalb nannte Jesus die, die reinen Herzens sind, „selig". Sie werden Gott nicht nur im nächsten Leben sehen, sondern sie sehen ihn in diesem Leben in der gesamten Schöpfung, die sich vor allem in ihren Leibern und den Leibern der anderen offenbart. Ihre Reinheit besteht nicht trotz des Leibes, sondern in und durch ihn.[157]

Das ist es, was der Papst als „positive" Reinheit bezeichnet.[158] Er erklärt, dass in der Bergpredigt Christi das alttestamentliche „Gebot, das den Ehebruch verbietet, [...] zu einer Aufforderung zu einem reinen

---

[156] J. Brian Bransfield, The Human Person. Boston, Pauline Books & Media, 2010, 246.

[157] Vgl. Christopher West, Theology of the Body Explained. Boston, Pauline Books & Media, 2008, 212.

[158] Vgl. TdL 54,3; 58,7; 129,5.

Blick [wird], der imstande ist, die bräutliche Bedeutung des Leibes zu achten".[159] Wir sollten nicht nur durch unseren Verstand oder unsere Willenskraft zur Liebe motiviert sein, sondern auch durch unser Herz.

Er schlägt vor: „Gerade diese Wahrheit muss innerlich erkannt werden; sie muss man gewissermaßen mit dem Herzen spüren, damit die gegenseitigen Beziehungen von Mann und Frau – und sogar der bloße Blick – wieder jenen wahrhaft bräutlichen Bedeutungsinhalt erlangen."[160]

Der Heilige Vater stellt fest, dass der Akt des Anschauens einer anderen Person wirklich ein innerer Akt ist, der sich im Blick ausdrückt.[161] Es handelt sich nicht um einen unbedeutenden Blick. Deshalb warnte der heilige Augustinus: „Sage nicht, dass du einen keuschen Verstand hast, wenn du unkeusche Augen hast, denn ein unkeusches Auge ist der Bote eines unkeuschen Herzens."[162] Christopher West fügte hinzu, dass Männer oft warten, bis eine Frau nicht hersieht, um sie dann voller Begierde anzuschauen.[163] Eine Lösung für dieses Problem (sowohl

[159] Veritatis Splendor, 15.

[160] TdL 58,6.

[161] Vgl. TdL 40,5.

[162] Paul Thigpen, A Dictionary of Quotes from the Saints. Ann Arbor, Mich., Charis Books, 2001, 28.

[163] Vgl. West, Theology of the Body Explained, 217.

für Männer als auch für Frauen) besteht darin, den Körper eines anderen nur so zu betrachten, als würde er oder sie einem in die Augen schauen.

Obwohl die Begierde nicht nur ein Problem von Männern ist, erinnert der Papst sie an diese besondere Herausforderung: „Die Frau wird ‚von Anfang an' seinen Augen, [...] seinem ‚Herzen' anvertraut; er hingegen muss in gewissem Sinne den Austausch des Geschenks sicherstellen", damit dieser gegenseitige Austausch „eine echte Gemeinschaft der Personen" schafft.[164] Ihm ist die Verantwortung übertragen worden, „*Wächter der Wechselseitigkeit der Hingabe*" zu sein.[165] „Wenn auch die Wahrung des Gleichgewichts in der Hingabe immer beiden anvertraut ist, kommt dennoch dem Mann eine besondere Verantwortung zu, weil es zur Hauptsache von ihm abhängt, ob das Gleichgewicht ungebrochen bleibt oder – wenn es gebrochen wurde – schließlich wiederhergestellt wird."[166] Er fügt hinzu, dass die Würde und das Gleichgewicht des menschlichen Lebens „in jedem Augenblick der Geschichte und an jedem Punkt geographischer Länge und Breite davon ab[hängen], was Sie für Ihn und Er für Sie sein wird".[167]

---

[164] TdL 17,6.
[165] TdL 33,2.
[166] Ebd.
[167] TdL 43,7.

Männer sollten nicht das Gefühl haben, dass der Papst sie herausgreift, um sie zu verurteilen. Seine Worte sind eine edle Ermahnung, die eigenen tiefsten Beweggründe zu prüfen. Er fordert die Männer auf, in sich selbst zu schauen und eine Frage zu beantworten: „Wer ist sie für mich geworden?"[168] Männer und Frauen müssen sich nicht für ihre eigenen Leidenschaften schämen. Was sie brauchen, ist die Demut, diese Sehnsüchte zu Christus zu bringen.

Gott will nicht, dass seine Söhne und Töchter unter dem Joch der übertriebenen Bedenken leben. Pater Alexander Men, ein russisch-orthodoxer Priester und Bibelwissenschaftler, schrieb über eine Gruppe von alten Pharisäern, die so eifrig bemüht waren, die Sünde zu vermeiden, dass sie ihre Augen nicht erhoben. Sie gingen mit gesenktem Kopf, damit sie keine Frau sahen und nicht begierig nach ihr verlangten. Schließlich begannen andere, sie „*Khitsay*" zu nennen, was bedeutet: „Stoß dir nicht den Kopf an."[169] Das mag zwar eine primitive Form der negativen Reinheit gewesen sein, aber es ist nicht die Botschaft Christi.

---

168 Vgl. TdL 41,1.

169 Talmud, Sota, II.I, 2; V, 7; Berakhot, 9, wie erwähnt in: Father Alexander Men, Son of Man. Yonkers, NY, St. Vladimir's Seminary Press, 1998, 93.

Noch einmal: Das Problem ist nicht der Körper. Das Problem ist, wie er dargestellt wird und wie wir ihn sehen. Er soll kein Anlass zur Sünde sein, sondern eine Offenbarung unserer Berufung zur Liebe. Er wurde nicht geschaffen, um uns in die Hölle zu locken, sondern um uns an die Schönheit des Himmels zu erinnern. Wenn das Sonnenlicht auf einen Diamanten fällt, tauchen unzählige Miniaturreflexionen des Juwels auf, die in Farbe getaucht sind. In ähnlicher Weise ist die Schönheit des menschlichen Körpers eine schwache Reflexion der unendlichen Schönheit seiner Quelle: der Heiligsten Dreifaltigkeit. Gott offenbart sich dem Menschen durch jede Erfahrung von Schönheit. Die Frage ist, ob wir die Augen haben, um über die Reflexion hinauszusehen … zur Quelle seiner Herrlichkeit – oder nicht.

Nacktheit und Kunst

Diejenigen, die das Glück hatten, den Petersdom im Vatikan zu besuchen, erinnern sich vielleicht an die Sonnenstrahlen, die durch den riesigen Innenraum strömen, an die Schönheit der Pietà von Michelangelo oder an den sieben Stockwerke hohen Baldachin, der über dem Hochaltar aufragt. Was jedoch nur wenige bemerken, ist die Skulptur der Tugend der Jungfräulichkeit – dargestellt als barbusige Frau

–, die inmitten Dutzender anderer Skulpturen steht und auf die Gemeinde herabblickt.

Stell dir vor, als die Skulptur aus dem 17. Jahrhundert angefertigt und über den Bögen im Hauptschiff der Kirche angebracht wurde. Hat denn niemand daran gezweifelt, ob es klug ist, die Reinheit mit einer so … freizügigen Ikone darzustellen? Scheinbar nicht. Sie waren noch nicht in eine pornografische Kultur eingetaucht und setzten daher Nacktheit nicht mit Unanständigkeit gleich.

Damit eine künstlerische Darstellung des menschlichen Körpers ihren Zweck erfüllen kann, müssen sowohl der Künstler als auch der Betrachter den Wert der dargestellten Person wahren. Deshalb spricht Papst Johannes Paul II. bei der Diskussion über Nacktheit und Kunst vom Ethos des Bildes und vom Ethos des Sehens.[170] Wenn ein Künstler etwas schafft, zeigt er „die Welt seines Geistes und seiner Werte".[171] Je nachdem, wie er den Körper darstellt, kann sein Wert vertieft und geformt oder aber deformiert und zerstört werden.[172] Daher hat der Künstler die Verantwortung, die ganze Wahrheit über den Menschen zu kennen und zu offenba-

---

170 Vgl. TdL 63.

171 TdL 63,4.

172 Vgl. TdL 62,5.

ren. Die sakrale nackte Kunst zielt nicht darauf ab, den Betrachter zur Begierde zu drängen, sondern dazu, die bräutliche Bedeutung des Leibes zu entdecken. Da der Körper eine Offenbarung von Gottes Plan für die Liebe ist, ist er sehr gut und sollte daher nicht als Objekt der eigenen Befriedigung dargestellt werden. Um zu bestimmen, ob ein Kunstwerk gut ist und die Würde des Menschen unterstreicht, könnte man fragen: „Offenbart der Körper in diesem Bild die Person oder lenkt er den Betrachter davon ab, ihren Wert zu sehen?"

Pornografie ist ein Paradebeispiel für eine Bildsprache, die den Wert der Person entstellt. Warum gilt nackte sakrale Kunst als anständig, Pornografie aber nicht? Ein klarer Grund wird in *Liebe und Verantwortung* genannt: „Die Unschamhaftigkeit ist nur dann präsent, wenn die Nacktheit eine negative Rolle im Hinblick auf den Wert der Person spielt, wenn es ihr Ziel ist, das Begehren des Fleisches zu wecken, als dessen Resultat die Person in die Position eines Objekts des Gebrauchs gebracht wird."[173] Pornografie ist also nicht deshalb unmoralisch, weil sie süchtig macht oder häufig sexuelle Funktionsstörungen hervorruft. Sie ist falsch, weil sie utilitaristisch ist. Menschen wurden nicht geschaffen, um benutzt zu werden.

[173] Vgl. Wojtyła, Liebe und Verantwortung, 280.

Indem er darauf hinweist, ist der Papst nicht puritanisch; er erkennt den Wert des Körpers an. Trotz ihrer Behauptungen haben Pornographen keine größere Wertschätzung für den Körper als der Papst. Mäßigung erfordert Ehrfurcht und Staunen über die Würde des Körpers, aber diese Ehrfurcht fehlt in der Pornografie, wo der Wert der Person auf dem Altar der Begierde geopfert wird. Wenn dies geschieht, tritt die Sucht an die Stelle der Ehrfurcht, und rastlose Neugier, gefolgt von unvermeidlicher Langeweile, wird zu einem traurigen Ersatz für das Staunen.

Der Papst hat nie behauptet, dass Pornografie schlecht ist, weil der Körper schlecht ist. Sie ist falsch, weil der Körper so gut ist. Für ihn ist sie nicht unmoralisch, weil sie zu viel von der Person zeigt, sondern weil sie zu wenig zeigt. Sie verdrängt den Körper – und damit die Person – aus ihrem eigentlichen und angemessenen Kontext (der Liebe), so wie man einen Fisch aus dem Ozean holt. Anstatt die ganze Person zu zeigen, wird der Körper preisgegeben. Deshalb wird Pornografie als „obszön" bezeichnet. Dieser Begriff stammt vom lateinischen Wort *obscaena*, was so viel bedeutet wie „alles, was sich nicht vor den Augen von Zuschauern abspielen darf".[174]

[174] TdL 63,2.

Diejenigen, die den menschlichen Körper darstellen, sind nicht die einzigen, die dafür verantwortlich sind, wie er gesehen wird. Auch diejenigen, die ihn betrachten, stehen vor einer Aufgabe. Ein Künstler kann ein Bild mit den reinsten Motiven schaffen, und dennoch kann sein Meisterwerk zu einem Objekt der Begierde für diejenigen werden, deren Herz diesem Laster zugeneigt ist.

Es ist natürlich, die Schönheit des menschlichen Körpers sehen zu wollen. Dieses Verlangen ist nicht böse. Jeder Mensch hat ein gottgegebenes Verlangen, das Schöne zu betrachten. Aber Johannes Paul II. erinnert seine Zuhörer daran: Man kann die Tatsache nicht ignorieren, dass sich der geschichtliche Mensch in einem Zustand der Konkupiszenz befindet.[175] Jeder wird zur Sünde verleitet. Die Scham kann jedoch überwunden werden, ohne sie zu überschreiten. Der Papst weist jedoch darauf hin, dass dies „Schwierigkeiten und innere Widerstände“ mit sich bringt.[176]

Für diejenigen, die Johannes Paul II. als „Meister des Argwohns“ bezeichneten, ist die Lösung für die Probleme der Scham und der Begierde nicht der Weg der „Schwierigkeiten und des inneren Widerstands“, sondern die Beseitigung der Her-

[175] Vgl. TdL 61,3.
[176] Ebd.

ausforderung selbst. Als Michelangelo nämlich die Sixtinische Kapelle mit Nackten bemalte, verlangten einige in der Kirche, dass die Körper bedeckt werden sollten. Nach Michelangelos Tod wurden viele von ihnen mit Lendenschürzen übermalt und blieben jahrhundertelang verdeckt, bis Johannes Paul II. ein Team von Restauratoren beauftragte, viele der Lendenschürzen zu entfernen und Michelangelos ursprünglichen Entwurf wieder freizulegen. Diejenigen, die die Körper verhüllten, waren wahrscheinlich stolz auf ihre Reinheit. Indem sie die sakrale Kunst bedeckten, offenbarten sie jedoch ihre Unfähigkeit, die bräutliche Bedeutung des Leibes zu sehen, und damit ihre eigene Unreinheit.

Reine Intimität

Die Aufgabe, das Gutsein des Körpers in seiner Nacktheit zu bewahren, geht über die Kunst hinaus. Sie muss auch innerhalb der Ehe geschützt werden. Wie bereits erwähnt, wurde Papst Johannes Paul II. von den Medien weltweit verspottet und kritisiert, als er erklärte, dass das christliche Verbot der Begierde auch die Begierde nach dem eigenen Ehepartner einschließt. In seinen Worten: „Der Ehebruch ‚im Herzen' wird nicht nur deshalb begangen, weil der Mann die Frau, die nicht seine Ehefrau ist, so ‚ansieht', sondern deswegen, *weil er eine Frau gerade so anblickt.* Auch wenn er seine Ehefrau so anblickte, würde er ebenfalls ‚im Herzen' Ehebruch begehen."[177] Christus spricht von „einer Frau"; nicht nur von einer Frau, die die Ehefrau eines anderen ist.[178]

Die Kritik am Papst beruht auf einem eklatanten Versehen seitens der Medien: Sexuelle Anziehung ist nicht mit Begierde gleichzusetzen. Der Papst verurteilt die Leidenschaft nicht. Er erinnert die Kirche daran, dass die Begierde eine Bedrohung für die Liebe bleibt, selbst in der Ehe, weil sie eine Reduzierung der Person auf ihren sexuellen Wert darstellt. Es ist eine Reduktion, die Intimität blockiert. Mit den Worten von Johannes Paul II. reduziert sie „diesen ganzen personalen Reichtum des Weiblichen [und Männlichen] nur auf einen Wert".[179]

Manche mögen fragen: „Aber wie kann man sich des Ehebruchs schuldig machen, ohne ihn tatsächlich zu begehen?"[180] Johannes Paul II. antwortet, dass die Begierde den Zweck der Existenz der Frau „für" den Mann „auf die bloße Befriedigung des sexuellen Bedürfnisses des Körpers (das in enger Beziehung zum Begriff ‚Trieb' steht)" reduziert.[181]

---

177 TdL 43,2.
178 Vgl. ebd.
179 TdL 40,3.
180 Vgl. TdL 42,4.
181 TdL 43,3.

Wenn ein Blick von der bräutlichen und prokreativen Bedeutung des Leibes losgelöst ist, hört er auf, ein Blick echter Liebe zu sein.[182] Es ist Ehebruch im Herzen. Er fügte hinzu, dass Gott „jedem Mann die Ehrfurcht vor jeder Frau als Aufgabe an[vertraut und] gleichzeitig […] vertraut er jeder Frau die Ehrfurcht vor jedem Mann an".[183] Daher sollte die Verpflichtung, die Würde seiner Ehefrau zu wahren, besonders wichtig sein.

Obwohl die Sinnlichkeit nicht etwas Böses ist, ist sie blind für den Wert der Person.[184] Sie ist eine spontane und natürliche Reaktion, die von jedem Menschen durch die Liebe gelenkt werden muss, damit die sexuellen Reaktionen auf die personale Ebene gehoben werden.[185] Reinheit ist also nicht das Fehlen von etwas. Sie ist eine *Fähigkeit*, die auf die Würde des Leibes ausgerichtet ist, um die ganze Person zu betrachten.[186] Es ist die Begierde, die den Blick auf die sexuellen Werte des anderen beschränkt. Die Begierde raubt Sex also seine Tiefe.

Einige haben Intimität als „in-mich-sehen" definiert, aber wie ist eine solche Nähe möglich, wenn man nicht durch die Haut hindurch sehen kann?

---

[182] Vgl. TdL 39,5.
[183] TdL 100,6.
[184] Vgl. Wojtyła, Liebe und Verantwortung, 161f.
[185] Ebd., 159f, 250–252.
[186] Vgl. TdL 56,1.

Bei der Reinheit geht es nicht darum, weniger vom Körper zu sehen, sondern mehr von der Person zu sehen. Dies, so der Papst, „[macht] gerade die Fülle der personalen Intimität aus".[187] Wenn eine solche Reinheit des Herzens vorhanden ist, hat der Wunsch, das Beste für den anderen zu tun, Vorrang vor dem Drang nach bloßem Vergnügen. Während die Begierde den Einzelnen dazu bringt, sich nur auf sein eigenes Verlangen zu konzentrieren, führt uns die wahre Ekstase aus uns selbst heraus. Kein Wunder, dass Johannes Paul II. erklärt, dass „die Reinheit [...] eine Forderung der Liebe [ist]", die eine tiefere Erfahrung der Liebe erst ermöglicht.[188]

Es ist nicht die Enthaltsamkeit, die einen rein macht. Jesus hat nie gesagt: „Selig sind die Enthaltsamen." Enthaltsamkeit kann zwar eine Form sein, Reinheit zum Ausdruck zu bringen, aber ein Mensch wird nicht weniger rein, wenn er die Ehe eingeht und Gottes Geschenk der sexuellen Intimität erfährt. Aber man muss sich darüber im Klaren sein, dass dies heiliger Boden ist. Es ist nicht nur eine offene Einladung an den Heiligen Geist, der der Herr und Spender des Lebens ist, es ist auch eine Erneuerung des Eheversprechens im Fleische.

---

[187] TdL 13,1.

[188] TdL 49,7; vgl. 57,2–3.

Wahre Spontaneität

All dieses religiöse Gerede über sexuelle Intimität könnte einige zu der Frage veranlassen: „Zerstört Reinheit nicht die Spontaneität?“ Das ist eine berechtigte Frage und Johannes Paul II. hat beträchtliche Zeit damit verbracht, eine umsichtige Antwort darauf zu bieten.

In *Liebe und Verantwortung* stellt er fest, dass die Keuschheit oft als Feind der Liebe angesehen wird, weil sinnliche und emotionale Reaktionen oft mit Liebe verwechselt werden.[189]

Der Sexualtrieb ist Teil der menschlichen Natur und daher nicht das Problem. Das Problem ist, wenn die Konkupiszenz diesen Trieb so verzerrt, dass das sexuelle Vergnügen wertvoller wird als die Person selbst. Die Keuschheit korrigiert diese Verzerrung, denn sie ordnet das sexuelle Verlangen nach den Forderungen der Liebe.

Die Keuschheit ist nicht die Ursache der sexuellen Spannung, sondern die Lösung für sie.[190] Wenn der erfahrene Genuss die sexuelle Spannung beseitigen würde, würde das Verlangen nach Vergnügen nicht so schnell zurückkehren oder mit der Zeit immer anspruchsvoller werden. Anstatt die Keuschheit als

---

[189] Vgl. Wojtyła, Liebe und Verantwortung, 212–214.

[190] Vgl. TdL 129,1.

Hindernis für die Erlangung der Befriedigung zu betrachten, sollte sie als Lackmustest für die Liebe angesehen werden. Während die Liebe keine Angst hat, für das Gute zu leiden, offenbart die Begierde Selbstsucht und Feigheit.

Der Papst erklärt, dass man die Selbstbeherrschung zunächst als eine Fähigkeit erlebt, der Versuchung zu widerstehen. Sie mag sich künstlich, erzwungen und einschränkend anfühlen. Aber mit der Zeit reift sie zu der Fähigkeit, die Bedeutung des Leibes, die der Begierde unbekannt ist, wahrzunehmen, zu lieben und zu verwirklichen.[191] Durch sie entdecken Männer und Frauen allmählich ihre Würde und „die Freiheit des Geschenks".[192] Das Gesetz gegen die Begierde fühlt sich in dem Maße, in dem Christus das eigene Herz erlöst hat, nicht mehr als Last an. Anstatt Reinheit als langweilige Einschränkung zu sehen, wird sie zum Schlüssel für wahre Spontaneität.

Michael Waldstein weist darauf hin, dass „spontan" nicht ungeplant und impulsiv bedeutet, sondern vom lateinischen „*spons*" kommt, was „freier Wille" bedeuten kann. Es bedeutet, dass der freie Wille der Person die Quelle der Handlung ist und

191 Vgl. TdL 128,3.
192 TdL 49,6.

nicht der fleischliche Instinkt oder die Sucht.[193] Johannes Paul II. fügt hinzu: „Nur wenn er die Triebe beherrscht, kann der Mensch zu jener *tieferen und reiferen Spontaneität* gelangen, mit der sein ‚Herz' durch Beherrschung der Triebe die geistige Schönheit der Zeichenhaftigkeit des menschlichen Leibes in seiner Männlichkeit bzw. Fraulichkeit entdeckt."[194] Eine der vielen Früchte der Selbstbeherrschung besteht darin, dass Männer und Frauen dieses vertiefte Gespür für die Würde des Anderen in ihrem Herzen erlangen.[195] Sie erkennen, dass der menschliche Leib eine Schönheit besitzt, die über die physische Ebene hinausgeht.[196]

Spontaneität ist eine gute Sache. Tatsächlich besteht Johannes Paul II. darauf, dass jeder Mensch *„zu einer vollen und reifen Spontaneität der Beziehungen berufen* ist, die der immerwährenden Anziehungskraft der Männlichkeit und Fraulichkeit entspringen. Wer die Antriebe des eigenen Herzens unterscheidet, gewinnt stufenweise gerade diese Spontaneität".[197] Er fügt hinzu, dass man keine Angst haben sollte, die Bewegungen des eigenen Herzens zu unterscheiden. Stattdessen sollte man

---

[193] Johannes Paul II., Man and Woman He Created Them, 64.
[194] TdL 48,5.
[195] Vgl. TdL 101,1.
[196] Vgl. TdL 15,4.
[197] TdL 48,2.

„wirklich Herr seiner inneren Triebe […] sein, gleich einem Wächter, der eine verborgene Quelle hütet".[198] Wenn man dies beharrlich tut, „kann das menschliche Herz an einer anderen Spontaneität, von welcher der ‚fleischliche Mensch' nichts oder nur wenig weiß, teilhaben".[199]

Wenn Begierde das Herz beherrscht, mag man sich von äußeren Zwängen befreit fühlen, aber bei näherem Hinsehen entdeckt man viele innere Zwänge, die dem Menschen die Freiheit rauben. Ist zum Beispiel jemand, dem es an Selbstbeherrschung mangelt, frei, sich selbst zu einem Geschenk zu machen? Der Papst bemerkt: „Denn die Befriedigung der Leidenschaften ist eine Sache, eine andere die Freude, die der Mensch im Vollbesitz seiner selbst findet, wobei er so auch immer mehr für eine andere Person zu einem echten Geschenk werden kann."[200]

Während die einen durch die Sünde gefangen gehalten werden, sind andere durch die Angst versklavt. Ein solches Beispiel dafür sind diejenigen, die Angst haben, sich selbst zu verlieren, wenn sie sich ernsthaft auf ihre Berufung einlassen. Aber der Mensch ist nicht durch die Verbindlichkeit ver-

---

[198] TdL 48,3.
[199] TdL 48,5.
[200] TdL 58,7.

sklavt, sondern nur durch die Angst vor ihr. Diese Angst hält viele davon ab, sich selbst zu finden, indem sie sich verschenken. Ob es nun die Sünde oder die Angst ist, die den Menschen bindet, das Wort Gottes erklärt: „Zur Freiheit hat uns Christus befreit“ (Gal 5,1). Solche Freiheit ist der Schlüssel zur Spontaneität.

Das Leben nach dem Geist

In diesem Leben wird die Reinheit niemals ein für alle Mal erworben.[201] Sie erfordert eine allmähliche und ständige Umformung der Sehnsüchte und Bewegungen des Herzens. Wer versucht, Keuschheit zu praktizieren, lernt bald, dass die Reinheit erst dann zu wachsen beginnt, wenn der Mensch erkennt, dass er sich nicht allein auf menschliche Anstrengungen verlassen kann. Sie ist nicht in erster Linie das Werk des Menschen. Sie ist ein Geschenk Gottes.[202] Der heilige Johannes Vianney bemerkte: „Die Versuchung ist notwendig, damit wir erkennen, dass wir in uns selbst nichts sind.“[203]

---

[201] Vgl. KKK, 2342.

[202] Vgl. TdL 56,1.

[203] R. E. Guiley, The Quotable Saint. New York, Checkmark Books, 2002, 274.

Der heilige Augustinus führte als junger Mann ein ausschweifendes Leben, erlebte aber später nach seiner Bekehrung eine Erneuerung der Reinheit. Im Rückblick auf den Kampf darum seine Lebensweise zu ändern, erinnerte er sich: „Die Enthaltsamkeit [erschien mir] als die Sache der eigenen Kraft [...], der Kraft, die ich an mir nicht kannte. Ich Tor, ich wusste ja nicht, dass niemand ... enthaltsam sein kann, wenn nicht Du [Herr] es gewährst. Gewiss hättest Du es gewährt, hätte ich mit Herzensklage an Dein Ohr gepocht und mit fester Zuversicht meine Sorge auf dich geworfen."[204]

Papst Johannes Paul II. lehrt ebenfalls, dass man sich für ein Leben nach dem Geist öffnen muss, um ein reines Herz zu haben.[205] Die Reinheit ist eine Frucht des Heiligen Geistes, die nach seinen Worten „das *Handeln Gottes im Menschen [unterstreicht]*".[206] Jeder Mensch ist aufgerufen – wie die Jungfrau Maria – für die Gabe des Heiligen Geistes aktiv empfänglich zu werden, um mit Christus fruchtbar zu sein.

Wenn man beginnt, ein Leben nach dem Geist zu führen, kann eine Verwandlung beginnen, die viel tiefer reicht als das äußere Verhalten des Menschen. Johannes Paul II. erklärt nicht nur, dass der Mensch

---

204 Augustinus, Conf. 6,11.
205 Vgl. TdL 58,5.
206 TdL 51,5, Fußnote.

einen „wahren und echten Sieg“ über die Begierde erfahren kann, sondern dass dieser Sieg im Herzen des Menschen verwirklicht werden kann und soll![207] Er sagt: „In der Tugend der Reinheit genießt der Mensch die Früchte des über die Begehrlichkeit errungenen Sieges.“[208] Wenn du dich zurückerinnerst, hat die Erbsünde den Menschen mit einem verdunkelten Verstand, einem geschwächten Willen und ungeordneten Sehnsüchten zurückgelassen. Erwäge, wie das Leben im Geist diese Wunden der Sünde heilen kann.

Die Sünde verdunkelt den Verstand und die Begierde macht blind für die Bedeutung des Leibes. Das Leben nach dem Geist hingegen öffnet die Augen für sie.[209] Der Papst bemerkt, dass die Reifung dieses Bewusstseins „den Weg zu einer immer vollkommeneren Entdeckung der Würde des menschlichen Leibes [öffnet]“.[210]

Die Sünde schwächt auch den Willen und verzerrt die Sehnsüchte des Menschen. Aber das Leben nach dem Geist hilft, die innere Freiheit des Geschenks wiederzuerlangen. Mit der reifen Entwicklung einer Tugend fällt die Entscheidung für

---

207 TdL 45,4; vgl. 55,7.
208 TdL 58,7.
209 Vgl. TdL 101,5.
210 TdL 58,6.

das Gute leichter und macht mehr Freude, weil die Sehnsüchte richtig geordnet sind. Allzu oft denken die Menschen, dass Moral einfach die Befolgung einer Ethik (einer äußeren Regel) ist, ohne dass sich das Ethos (die inneren Werte) ändert.[211] Infolgedessen geben diese Menschen zu leicht auf. Wenn sie davon abgeschnitten bleiben, so zu lieben, wie Gott liebt, verpassen sie den Sinn des Lebens.

Bei der Erlösung geht es nicht darum, die Sehnsüchte unseres Herzens zu überwältigen, sondern darum, unsere Sehnsüchte zu heilen und zu verwandeln, damit wir uns nach dem wirklich Guten sehnen. Unseren Willen zu beugen, um dem Buchstaben des Gesetzes zu folgen, ist nicht der Sinn des Evangeliums. Wir sollten dazu bewegt werden, uns für das Gute zu entscheiden. Und zwar nicht nur durch eine kalte und knallharte Entscheidung, die von unserem Verstand oder unserem Willen bestimmt wird, sondern durch eine Entscheidung, die auch von unserem Herzen getroffen wird.[212] Nach und nach können so unsere subjektiven Sehnsüchte mit der objektiven Bedeutung des Leibes in Einklang gebracht werden. Dabei geht es nicht allein um die ethische Wahrheit, sondern um die Wahrheit dessen, was es bedeutet, Mensch zu sein.[213]

---

[211] Vgl. TdL 24,3.
[212] Vgl. KKK, 1775.
[213] Vgl. TdL 58,5.

Frömmigkeit und Ehrfurcht

Stell dir vor, es gäbe eine Gabe, die der Erfahrung des Leibes – vor allem in der Beziehung zwischen Mann und Frau – *„ihre ganze Natürlichkeit, Klarheit* und *innere Freude*" zurückgeben könnte.[214] Wer würde sie nicht gerne erhalten? Diese Gabe gibt es und nach Papst Johannes Paul II. ist es die Gabe der Frömmigkeit (donum pietatis). Obwohl die meisten Menschen mit diesem Begriff jene Personen assoziieren, die ein hyperreligiöses, frommes Leben führen und vielleicht ein wenig prüde sind, ist das nicht das, was Johannes Paul II. im Sinn hat.

Der heilige Paulus erklärte, dass es der Wille Gottes ist, dass jeder Christ seinen eigenen Leib „in heiliger und achtungsvoller Weise" zu bewahren weiß.[215] Mehr als Enthaltsamkeit oder Selbstbeherrschung verleiht die Gabe der Frömmigkeit eine tiefe Ehrfurcht vor allem, was heilig ist, einschließlich des Leibes. Wenn die Sünde unser Verständnis für die Bedeutung des Leibes und den Wert der Sexualität trübt, so schärft die Frömmigkeit bzw. Ehrfurcht unsere Sensibilität für die Würde, die der Leib besitzt.[216] Sie ist die Krönung der Keuschheit und erweist sich, so der Papst, „als die wesentlichste Kraft

---

214 TdL 58,7.

215 1 Thess 4,4; Vgl. TdL 54,5.

216 Vgl. TdL 57,2; 101,5.

zur Bewahrung des Körpers ‚in Heiligkeit'".[217] Es ist der Heilige Geist, der jeden Menschen dazu befähigt, seinen Leib – und die Leiber der anderen – mit solcher Ehrfurcht zu betrachten.

Der heilige Paulus erklärte auch, warum Christen eine solche Ehrfurcht vor ihrem Leib haben sollten, als er fragte: „Wisst ihr nicht, dass euer Leib ein Tempel des Heiligen Geistes ist?"[218] Der Heilige Geist wohnt im Menschen und in seinem Leib wie in einem Tempel und diese Gabe ist es, die jeden Menschen heilig macht.[219] Viele Christen haben so oft gehört, dass ihr Leib ein Tempel des Heiligen Geistes ist, sodass dieser Satz fast bedeutungslos geworden ist. Wenn man jedoch innehält, um die Tatsache zu bedenken, dass der eigene Leib eine Wohnstätte der Heiligsten Dreifaltigkeit ist, kann sich eine neue Wertschätzung des Leibes entwickeln. Diese tiefe Wertschätzung des Wertes von Leib und Sexualität ist die einzige Grundlage, auf der wahre Reinheit aufgebaut werden kann.

Durch die Gabe der Frömmigkeit bzw. der Ehrfurcht erkennt man, dass es bei aufkommenden Versuchungen nicht nur zwei Möglichkeiten gibt: lüsternes Ausleben oder prüde Unterdrückung. Man

[217] TdL 54,4.
[218] 1 Kor 6,19.
[219] Vgl. TdL 56,4.

kann erkennen, dass der Leib gut ist, und anstatt Triebe lediglich zu unterdrücken, sie zum Himmel erheben. Man beginnt die Gewohnheit einzuüben, schnell den Wert der Person zu bejahen, wenn die Konkupiszenz uns dazu verleitet, nur den Körper zu schätzen. Das mag zunächst aus dem Wunsch heraus geschehen, Gott nicht zu beleidigen, aber mit der Zeit wächst daraus der Wunsch, Gott im eigenen Leib zu verherrlichen. Aufgrund der Sünde erfordert diese Gewohnheit Anstrengung und kommt nicht von selbst. Papst Johannes Paul II. erklärt jedoch: „Dennoch bleibt diese Bestimmung als *dem Menschen [...] aufgetragene Verpflichtung bestehen*, sie ist sozusagen als fernes Echo der ursprünglichen Unschuld in die Tiefe des Menschenherzens eingeschrieben."[220]

[220] TdL 19,2.

CHRISTUS BERUFT SICH AUF DIE AUFERSTEHUNG

Der eschatologische Mensch

Im dritten und letzten Schlüsselwort Christi reflektiert Papst Johannes Paul II. über den Dialog Jesu mit den Sadduzäern, als die religiösen Führer ihm das folgende Dilemma vortrugen, im Bemühen die Auferstehung des Leibes zu widerlegen:

> Es lebten einmal sieben Brüder. Der erste nahm sich eine Frau, und als er starb, hinterließ er keine Nachkommen. Da nahm sie der zweite; auch er starb, ohne Nachkommen zu hinterlassen, und ebenso der dritte. Keiner der sieben hatte Nachkommen. Als letzte von allen starb die Frau. Wessen Frau wird sie nun bei der Auferstehung sein? Alle sieben haben sie doch zur Frau gehabt (Mk 12,20–23).

> Jesus antwortete:

> Ihr irrt euch, ihr kennt weder die Schrift noch die Macht Gottes. Wenn nämlich die Menschen von den Toten auferstehen, heiraten sie nicht, noch lassen sie sich heiraten, sondern sie sind wie Engel im Himmel (Mk 12,24–25).

> Zwei Aspekte der Antwort Christi werfen beim Leser oft Fragen auf. Er behauptet, dass es im Himmel keine menschliche Ehe gibt und dass wir „wie Engel“ sein werden. Indem er unseren himmlischen Zustand mit dem der Engel vergleicht, deutet er nicht an, dass wir ohne Körper leben werden, sondern, dass wir unverheiratet sein werden.[221]

Viele Menschen gehen davon aus, dass sie nach dem Tod von den Fesseln ihres vergänglichen Körpers befreit werden und ewig als reine Geister leben. Das Christentum bekräftigt zwar die Unsterblichkeit der Seele, verkündet aber auch die Auferstehung des *Leibes*. Unsere zukünftige Bestimmung ist eine körperliche Realität und es ist ein Irrtum, unseren Körper als Wegwerfkäfig zu betrachten, der unsere unsterblichen Seelen beherbergt. In der Tat verstehen wir unsere eigene Menschlichkeit nicht, ohne dies zu verstehen. Es ist weniger als menschlich, auf ewig als entkörperter Geist oder als seelenloser Körper zu existieren. Deshalb sagte Peter Kreeft: „Deshalb fürchten wir uns vor Gespenstern und Leichen, obwohl beide harmlos sind: Sie sind die obszön getrennten Aspekte dessen, was zusammengehört.“[222]

---

[221] Vgl. TdL 66,2.

[222] Peter Kreeft, Everything You Ever Wanted to Know About Heaven. San Francisco, Ignatius Press, 1990, 93.

Wie wird unser verherrlichter Leib aussehen? Johannes Paul II. erklärt, dass wir einen „vergeistigten Körper" haben werden. Ein solcher Begriff neigt dazu, den modernen Verstand zu verwirren, als ob er sagte, dass unsere Körper „unsichtbar sichtbar" sein werden. Aber dieser Irrtum rührt von unserer falschen Vorstellung der menschlichen Natur her. Es ist nicht natürlich, dass der Mensch einen Mangel an Harmonie zwischen seiner Seele und seinem Körper erlebt, auch wenn dies unser unglückliches Erbe aufgrund der Erbsünde ist. Am Anfang war es nicht so. Und auch am Ende wird es nicht so sein.

Was er mit einem vergeistigten Körper meint, ist, dass die Kraft des Geistes den Körper vollständig durchdringen wird.[223] Wir werden keinen Widerstreit mehr zwischen Körper und Seele erleben. Vielmehr werden wir in einer integrierten Weise leben, denn Körper und Seele werden vollkommen vereint sein.[224] Dies ist kein Sieg des Geistes über den Körper, sondern die volle Verwirklichung dessen, was es heißt, Mensch zu sein.[225]

---

223 Vgl. TdL 67,1.
224 Vgl. TdL 66,6.
225 Vgl. TdL 67,2.

Die himmlische Hochzeit

Eine weitere Schwierigkeit, die sich aus der Antwort Christi ergibt, ist, dass die menschliche Ehe im nächsten Leben aufhören wird zu existieren. Obwohl einige annehmen könnten, dass die fehlende Existenz der Ehe im Himmel ihre Bedeutung auf der Erde schmälert, ist das Gegenteil der Fall. Von Anfang an war die Ehe ein Zeichen der Liebe Gottes zu den Menschen und seines Heilsplanes für uns. Sie weist uns auf das in der Offenbarung beschriebene Hochzeitsmahl hin.

Unser Körper offenbart, dass wir für die Gemeinschaft geschaffen sind, indem wir uns aufrichtig selbst verschenken. Aber irdische Beziehungen können letztlich unsere tiefsten Sehnsüchte nicht erfüllen. Die menschliche Liebe, so berauschend sie auch sein mag, ist nur ein Schatten und ein Zeichen für die Wirklichkeit dessen, wofür wir geschaffen sind – die ekstatische, glückselige, liebende Vereinigung mit der Heiligsten Dreifaltigkeit im Himmel. Wenn dies Gottes Absicht für die Ein-Fleisch-Bindung zwischen Mann und Frau auf der Erde ist, dann könnte man argumentieren, dass das Fehlen ehelicher Intimität im Himmel ihre Herrlichkeit offenbart! Mit welchem Staunen und welcher Ehrfurcht sollten Männer und Frauen das Geschenk der Sexualität behandeln, wenn es uns zu einem so majestätischen Zweck gegeben wurde!

Da der menschliche Körper offenbart, dass der Mensch für die Gemeinschaft geschaffen ist, wird der Himmel unsere letzte Erfüllung sein. Es ist die vollkommene Verwirklichung der bräutlichen Bedeutung des Leibes. Wie der Heilige Vater erklärt: „Die absolute und ewige bräutliche Bedeutung des [verherrlichten Leibes wird] in der Vereinigung mit Gott durch das Schauen ‚von Angesicht zu Angesicht' […] offenbar."[226] Nur im Himmel werden wir in der Lage sein, uns Gott vorbehaltlos und ohne den Makel der Sünde hinzugeben. Genauso werden wir nur im Himmel in der Lage sein, Gottes völlige Selbsthingabe an uns vollständig zu empfangen.[227]

Im kommenden Leben wird Gott uns nicht nur offenbart werden, so als wäre der Himmel nichts anderes als ein großes Meer von Menschen, die seine Herrlichkeit bewundern. Johannes Paul II. erklärt, dass die Gnade Gottes nicht nur „in ihrer ganzen abgründigen Tiefe enthüll[t], sondern auch in ihrer beglückenden Wirklichkeit erfahren werden soll".[228] Dadurch werden wir „die volle Teilhabe am inneren Leben Gottes, also an der Wirklichkeit der Dreifaltigkeit selbst" erfahren.[229]

---

[226] TdL 75,1.
[227] Vgl. TdL 68,3.
[228] TdL 67,5.
[229] TdL 68,4.

In einer bemerkenswerten Darlegung sagt Johannes Paul II., dass Gott sich *„in seiner Göttlichkeit* nicht nur an die Seele, *sondern an die ganze seelisch-leibliche Subjektivität des Menschen*" mitteilen wird.[230] Diese theologisch dichte Aussage bedeutet, dass Gottes Gnade nicht nur unsere Seelen heiligen, sondern auch unsere Leiber durchdringen wird! Wir werden am inneren Leben Gottes selbst teilhaben und in diesem Zustand wird „die völlige Durchdringung und Erfüllung des wesenhaft Menschlichen durch das wesenhaft Göttliche ihren Höhepunkt erreichen, sodass das Leben des menschlichen Geistes zu einer solchen Fülle gelangt, die ihm vorher absolut unerreichbar war".[231] Als Katholiken sollte uns das nicht schockieren, denn wir beten in jeder Heiligen Messe, dass wir „der Gottheit Christi teilhaftig werden, der sich erniedrigt hat, um an unserer Menschlichkeit teilzuhaben".

Diese unaussprechliche Vereinigung mit der Heiligsten Dreifaltigkeit wird uns nicht absorbieren oder unsere Individualität schmälern. Vielmehr wird unsere innige Vereinigung mit Gott uns ganz menschlich machen.[232] Aus diesem Grund sollte die Heiligkeit als die volle Entfaltung der menschlichen Person – sowohl des Leibes als auch der Seele – ver-

[230] TdL 67,3.
[231] Ebd.
[232] Vgl. ebd.

standen werden. In ihm entdecken wir uns selbst wieder und erfahren, was es bedeutet, für die Gemeinschaft geschaffen zu sein. Wenn sich die Liebe nach vollkommener Vereinigung sehnt, wird der Himmel das menschliche Herz so sehr befriedigen, wie nichts auf der Erde es je könnte.

Nachdem der Papst den ewigen Plan Gottes für unsere Leiber und Seelen im Himmel erläutert hat, wendet er sich der Frage zu, wie manche Männer und Frauen sich dafür entscheiden, diese Realität auf der Erde vorwegzunehmen.

Ehelosigkeit um des Himmelreiches willen

Zu Beginn seiner Reflexionen untersucht Johannes Paul II. die Diskussion zwischen Jesus und den Pharisäern über das Thema der Ehescheidung. Er kehrte nun zu dieser Passage zurück, um den Austausch abzuschließen:

> Nur weil ihr so hartherzig seid, hat Mose euch gestattet, eure Frauen aus der Ehe zu entlassen. Am Anfang war das nicht so. Ich sage euch: Wer seine Frau entlässt, obwohl kein Fall von Unzucht vorliegt, und eine andere heiratet, der begeht Ehebruch (Mt 19,8–9).

Als seine Jünger dies hörten, gaben sie eine erstaunliche Antwort: „Wenn das Verhältnis des Mannes zur Frau so ist, dann ist es nicht gut zu heiraten" (Mt 19,20). Im Klartext: „Wenn man sich nicht scheiden lassen kann, dann ist es besser nicht zu heiraten!" Anstatt ihre Herzen anzusprechen – die härter zu sein scheinen als die der Pharisäer – oder darüber zu streiten, ob die Ehe „vorteilhaft" ist oder nicht, antwortet Jesus:

> Nicht alle können dieses Wort erfassen, *sondern nur die, denen es gegeben ist.* Denn manche sind von Geburt an Eunuchen, manche sind von den Menschen dazu gemacht und manche haben sich selbst dazu gemacht – um des Himmelreiches willen. Wer das erfassen kann, der erfasse es (Mt 19,11–12 in TdL 73,2).

Eunuchen waren Männer, die aufgrund eines körperlichen Defekts, der durch die Natur oder durch einen Akt der Kastration verursacht wurde, nicht in der Lage waren, Geschlechtsverkehr zu haben. In alten Kulturen wurden Eunuchen oft als Wächter und Diener der Königin eingesetzt, da sie keine andere Wahl hatten, als enthaltsam zu leben. Jesus erwähnt jedoch eine dritte Art von Eunuchen. Nämlich jenen, der sich entschieden hat, „um des Himmelreichs willen" auf die Ehe zu verzichten. Das wird für die meisten Juden damals ein verwirrendes Konzept gewesen sein, denn der Zölibat wurde damals nicht geschätzt.

Und warum bringt Jesus seine Einladung zum Zölibat dann mit solch unangenehmen Vergleichen in Verbindung?

Papst Johannes Paul II. erklärt:

> Mit seiner Bezugnahme *trifft Jesus – im gewissem Sinne – alle diese Hintergründe,* so als wollte er sagen: Ich weiß, dass alles, was ich euch jetzt sagen werde, für euer Gewissen und euer Empfinden für die Bedeutung des Leibes große Schwierigkeiten bringen wird; ich spreche nämlich zu euch von der Ehelosigkeit, die ihr zweifellos mit physischer Impotenz, angeboren oder durch menschlichen Eingriff erworben, in Verbindung bringt. Ich hingegen möchte euch sagen, dass Ehelosigkeit auch freiwillig sein und vom Menschen „um des Himmelreiches willen" gewählt werden kann.[233]

Jesus führt seine Jünger in eine radikale neue Lebensweise ein, die ein Geschenk für andere ist. Während manche den Zölibat für unnatürlich halten, stellt Jesus klar, dass er *übernatürlich* sein kann, wenn man ihn freiwillig für das Reich Gottes wählt.

---

[233] TdL 74,4.

Aber warum sollte sich jemand aus freien Stücken dafür entscheiden, zölibatär zu leben? Hat Gott nicht gesagt, es sei nicht gut für den Menschen, allein zu sein? In der Tat ist es nicht gut für den Menschen, allein zu sein, aber nur Gott kann den Schmerz der Einsamkeit erfüllen, der durch unser Alleinsein entsteht. Auch wenn eine Person einen Ehepartner hat, ist er oder sie dennoch allein vor Gott.

Diejenigen, die auf die Ehe verzichten, um in das Priester- oder Ordensleben einzutreten, tun dies nicht, weil sie nicht den Wunsch haben, sich einem Anderen zu schenken. Vielmehr erklärt die Liebe allein das Motiv und die Bedeutungen sowohl der ehelichen als auch der zölibatären Berufung. Beide Berufungen beinhalten die radikale Entscheidung, sich selbst einem Anderen zu schenken, um in Gemeinschaft zu leben. Beide sind das Ergebnis einer Person, die frei auf die Liebe eines Anderen antwortet. Und beide werden durch die Freiheit des Geschenks ermöglicht, die durch Selbstbeherrschung erreicht wird. Es ist ja nicht so, dass der Zölibat Selbstbeherrschung erfordert, während die Ehe ein Ventil für die Begierde bietet. Vielmehr erfordern beide Berufungen Selbstbeherrschung, damit man sich selbst verschenken kann. Alle sind aufgerufen, ihre Begierden zu beherrschen, damit sie frei sind zu lieben.

Daher haben beide Berufungen einen bräutlichen Charakter. Jesus gibt ein Beispiel dafür, indem er zeigt, wie die Jungfräulichkeit ein Ausdruck der bräutlichen Bedeutung des Leibes sein kann. Seine Liebe zu seiner Braut, der Kirche, hallt durch die Geschichte in jeder Heiligen Messe wider: „Das ist mein Leib, der für euch hingegeben wird.“ Diese totale Selbsthingabe wird auch in den Männern und Frauen gelebt, die ihr Leben dem Dienst an der Kirche weihen. Eine Frau sagte zu einer Gruppe von Ordensschwestern: „Ihr müsst euer Leben übergeben, wie man eine Blume emporwirft.“[234]

Aufgrund der bräutlichen Bedeutung des Leibes ist – auf dem einen oder anderen Weg – jeder Mann zur Vaterschaft und jede Frau zur Mutterschaft gerufen. Diese Berufung ist in jeden Leib eingeschrieben. Der Papst erklärt, dass der Leib des Mannes eine väterliche Bedeutung hat, während „*das Geheimnis der Weiblichkeit sich durch die Mutterschaft bis auf den Grund enthüllt und offenbart*“.[235]

Aber wie kann dies erfüllt werden, wenn man sich dafür entscheidet, auf die Ehe zu verzichten? Der Zölibat um des Himmelreiches willen ist ein Akt der bräutlichen Liebe, und deshalb ist er ein Akt der fruchtbaren Liebe: Er ist auf Vaterschaft und Mut-

---

[234] Zit. in: Jean-Pierre Batut, “The Chastity of Jesus and the ‘Refusal to Grasp,’” Communio. International Catholic Review, 24, Frühling 1997, 13.

[235] TdL 21,2.

terschaft ausgerichtet.[236] Wenn Männer und Frauen eine zölibatäre Berufung wählen, verzichten sie nicht auf ihren gottgegebenen Wunsch, Mütter und Väter zu werden. Vielmehr erfüllen sie diese Berufung auf eine andere Art und Weise.

Die körperliche Fruchtbarkeit der Eheleute ist ein Zeichen für die geistige Fruchtbarkeit derer, die sich um des Reiches Gottes willen für die Ehelosigkeit entscheiden. Wenn eine Frau in das Ordensleben eintritt, bringt sie ihre Selbsthingabe auf eine einzigartig weibliche Weise zum Ausdruck. Wie bei der seligen Jungfrau Maria, die das Vorbild der fruchtbaren Jungfräulichkeit ist, erblüht die Jungfräulichkeit in der geistlichen Mutterschaft. Ebenso lässt ein Mann, der ins Priestertum eintritt, seine Männlichkeit nicht hinter sich zurück, wenn er ins Priesterseminar eintritt. Er ist vielmehr dazu berufen, sein Leben für seine Braut, die Kirche, hinzugeben, wie der heilige Paulus alle Ehemänner dazu auffordert (Eph 5). Sein Beitrag zur Kirche ist einzigartig männlich und daher väterlich. Daher werden alle Priester „Pater" (Vater) genannt.

Die Ehelosigkeit um des Reiches Gottes willen war und wird immer ein Zeichen des Widerspruchs sein. Aber es ist keineswegs eine Ablehnung der eigenen Sexualität als Mann und Frau. Es ist auch

---

236 Vgl. TdL 80,1; 78,5.

keine Abwertung der Ehe. Im Gegenteil, der Verzicht auf die Ehe ist eine Bestätigung ihres Wertes. Niemand verzichtet zum Beispiel in der Fastenzeit darauf, Schmutz zu essen. Vielmehr lässt sich der Wert eines Opfers daran erkennen, was geopfert wird. Um sich dessen voll bewusst zu sein, was man wählt, muss man sich dessen bewusst sein, worauf man verzichtet.[237]

Aber der Zölibat ist nicht nur ein Opfer, das bestimmte Menschen Gott darbringen. Er ist auch ein Geschenk, das Gott ihnen macht.[238] Als Jesus sich an die Sadduzäer wandte, erklärte er: „Wenn nämlich die Menschen von den Toten auferstehen, heiraten sie nicht, noch lassen sie sich heiraten" (Mk 12,25). Damit zeigt er, dass es einen Lebensabschnitt ohne Ehe gibt, in dem Männer und Frauen in Gemeinschaft mit Gott und untereinander leben werden. Diejenigen, die den Ruf zur Ehelosigkeit um des Reiches Gottes willen annehmen, nehmen in diesem Leben vorweg, was der Mensch in der zukünftigen Auferstehung erleben wird.

Indem sie auf das irdische Zeichen für die endgültige Vereinigung im Himmel, für die wir geschaffen sind, verzichten, geben Zölibatäre der Welt ein sichtbares Zeugnis dafür, dass wir uns nicht an das

---

[237] Vgl. TdL 81,2.

[238] Vgl. TdL 73.

Zeichen klammern sollten. Indem sie sich in diesem Leben ganz Gott hingeben, werden sie zu einem Sinnbild für das künftige Leben. Damit ermutigen sie uns nicht, unsere Sexualität zu verleugnen, sondern erinnern uns an den eigentlichen Zweck und die eigentliche Bedeutung der Sexualität! Der Zölibat um des Reiches Gottes willen ist ein Zeichen dafür, dass der Leib zur Verherrlichung hinstrebt. Deshalb kann die Sakramentalität der Ehe nur im Lichte der wahren Bedeutung des Zölibats verstanden werden; und der Zölibat kann nur im Lichte der Ehe vollständig verstanden werden.[239] Da beide Berufungen miteinander verbunden sind, ist jede Kultur, welche die eine nicht wertschätzt, auch nicht in der Lage, die andere wertzuschätzen.

[239] Vgl. TdL 76,6.

TEIL II

DAS SAKRAMENT

DIE DIMENSION DES BUNDES UND DER GNADE

Die Analogie der bräutlichen Liebe

In der gesamten Heiligen Schrift verwenden die Autoren unzählige Analogien, um von Gott und seiner Liebe zu den Menschen zu sprechen. Er ist der Fels, der gute Hirte, das Schafstor usw. Dies sind jedoch nur literarische Mittel. Es ist ja nicht so, dass Gott eigens ein Tor als *das* Zeichen seiner Liebe oder einen Felsen geschaffen hätte, um die tiefste Wirklichkeit über ihn zu offenbaren. Aber was wäre, wenn Gott das getan hätte? Was wäre, wenn er speziell eine Sache als *das* grundlegende Zeichen dafür geschaffen hätte, wer er ist und wie er liebt? Das hat er getan und dieses Zeichen ist die Ehe. Sie kommt vom Vater, nicht von der Welt.[240]

Manche mögen entgegnen: „Die Ehen, die ich gesehen habe, ähneln nicht gerade etwas Himmlischem." Doch am Anfang war das nicht so. Am Anfang wurde das Geheimnis Gottes sichtbar durch das, was Papst Johannes Paul II. „das ursprünglichste Sakrament" nennt. Aber wegen der Erbsünde wurde es „der übernatürlichen Wirkkraft

[240] Vgl. TdL 101,7.

beraubt“, die es am Anfang hatte.[241] Seine Fähigkeit, die Liebe Gottes widerzuspiegeln und weiterzugeben, wurde gemindert.

Wie bei allen Analogien gibt es sowohl Ähnlichkeiten als auch Unähnlichkeiten. Aber von allen möglichen Analogien, welche die Liebe Gottes erklären, ist sie die am wenigsten unzulängliche. Daher ist sie das Bild, das in der gesamten Heiligen Schrift am häufigsten verwendet wird, um die Liebe Gottes zu den Menschen zu erklären. Papst Johannes Paul II. nannte es sogar „das zentrale Thema der ganzen Offenbarung“.[242]

Die Bibel beginnt mit einer Hochzeit (Adam und Eva) und endet mit einer Hochzeit (dem Hochzeitsmahl im Himmel). Das ganze Alte Testament hindurch sprachen die Propheten von der Beziehung zwischen Gott und Israel in ehelichen Bezeichnungen.[243] Als Israel Gott verließ und sich Götzen zuwandte, durchbohrte diese Untreue sein Herz als Vater, Bräutigam und Herr.[244] Doch Gott vergab diesen Akt des geistlichen Ehebruchs und vermählte Israel mit sich selbst.[245]

241 TdL 97,1.
242 TdL 93,2.
243 Vgl. Hosea; Jesaja 54.
244 Vgl. TdL 104,3.
245 Vgl. Hosea 2,19–20.

Auch das Neue Testament ist voll von ehelichen Symbolen, um Gottes Heilsplan zu beschreiben: Johannes der Täufer ist der Freund des Bräutigams, die Kirche ist die Braut, Jesus ist der Bräutigam und der Himmel ist das Hochzeitsmahl.[246] Gott bietet uns seine Liebe zur Menschheit an und sein ewiger Plan ist es, dass wir mit ihm in unendlicher Glückseligkeit eins werden. Unsere Einheit mit Gott im Himmel ist nicht wie ein Wassertropfen, der seine Identität verliert, wenn er in den Ozean eingetaucht wird. Vielmehr ist es wie bei zwei Eheleuten, die in Liebe eins werden und doch ihre eigene Individualität behalten.

Die gesamte Schöpfung offenbart etwas von Gott und so spricht Johannes Paul II. vom „Sakrament der Schöpfung". Die Ehe ist jedoch ihr zentraler Punkt.[247] Sie macht den unsichtbaren Plan Gottes für den Menschen sichtbar: die Teilnahme am trinitarischen Leben. Daran lädt uns der Leib – in seiner Männlichkeit und Weiblichkeit – ein teilzuhaben.

Nach dem *Katechismus* sind die Freuden des Ehelebens nur „ein Vorgeschmack auf das Hochzeitsmahl des Lammes".[248] Indem die Kirche dies sagt, sexualisiert sie den Himmel nicht, als ob er nur eine

---

[246] Vgl. Joh 3,29; Eph 5,25–27; Offb 19,9.
[247] Vgl. TdL 96,6–7.
[248] KKK, 1642.

intensivere Erfahrung der sexuellen Vereinigung wäre. Vielmehr weist uns unsere Sexualität, wenn sie richtig ausgerichtet ist, auf die Quelle der letzten Erfüllung hin, die Gott ist.

Epheser 5

So schockierend diese Worte für manche auch sein mögen, Johannes Paul II. stellt fest, dass das, was im Alten Testament kaum umrissen und nur halb offen war, im Epheserbrief 5 vollständig enthüllt wird.[249] Er betrachtet dieses Kapitel der Heiligen Schrift als die Krönung der Themen, die sich durch das Wort Gottes ziehen.[250]

> Darin beginnt der heilige Paulus:
>
> Ihr Frauen [ordnet euch] euren Männern [unter] wie dem Herrn; denn der Mann ist das Haupt der Frau wie auch Christus das Haupt der Kirche ist. Er selbst ist der Retter des Leibes. Wie aber die Kirche sich Christus unterordnet, so sollen sich auch die Frauen in allem den Männern unterordnen (Eph 5,22–24).

Dieser erste Abschnitt des Textes bereitet den Lesern oft die größten Schwierigkeiten: Die Frau soll

[249] Vgl. TdL 95,7.
[250] Vgl. TdL 87,3; 104,1.

ihrem Mann *untergeordnet* sein? Der Mann ist der *Retter* der Frau? Für viele klingt das nach männlichem Egoismus, patriarchalischer Dominanz und sexistischer Knechtschaft. In Genesis 3,16 heißt es, dass eine der Folgen der Erbsünde darin besteht, dass die Frau Verlangen nach ihrem Mann haben wird und er über sie herrschen wird.

Ein Kapitel zuvor wird in der Genesis die Frau als „Hilfe“ des Mannes bezeichnet. Ist sie eine Art unterwürfige Partnerin des Mannes und ist das wirklich das, was der heilige Paulus im Sinn hatte?

In Genesis 2,18 wird die Frau tatsächlich als *ezer* des Mannes bezeichnet, was „Hilfe“ bedeutet. Dies ist jedoch kein abwertender Begriff oder ein Synonym für „Magd“. Vielmehr handelt es sich um einen Titel, der Gott selbst wiederholt verliehen wird.[251] Die Frau „hilft“ dem Mann, ganz Mensch zu sein und seine Berufung zur Liebe zu verwirklichen. Mit ihrer Hilfe erkennt und findet er sein Menschsein.[252]

In Bezug auf Genesis 3,16 wiederholt der heilige Paulus nicht das durch die Sünde verursachte gestörte Verhältnis zwischen Mann und Frau, sondern korrigiert es. Papst Johannes Paul II. erklärt,

---

[251] Vgl. Ex 18,4; Ps 33,20.
[252] Vgl. TdL 12,3.

dass die männliche Herrschaft über eine Frau nicht nur die Frau erniedrigt, sondern auch „die wahre Würde des Mannes [mindert]".[253] Jeder Mann, der seine Kraft einsetzt, um eine Frau zu kontrollieren, zeigt, dass er zu schwach ist, sich selbst zu kontrollieren. Er versucht, Herr über jemand anderen zu sein, weil das einfacher ist, als seinen eigenen Stolz, seine Begierde, seinen Zorn, seinen Egoismus usw. zu beherrschen. Das ist die Gebrochenheit, die Paulus zu heilen sucht.

Wie kann man jedoch seine Worte über die Unterwerfung oder Unterordnung mit der Würde, die Frauen besitzen, in Einklang bringen? Johannes Paul II. erklärt, dass – wenn man diese Passage im Kontext liest – die Unterordnung der Frau unter den Ehemann vor allem die Erfahrung der Liebe bedeutet.[254]

Wenn der Mann das „Haupt seiner Frau" ist und die Frau der „Leib ihres Mannes", dann ist es klar, dass sie ein einziges Subjekt sind, oder, wie der Papst sagt, eine „organische Einheit".[255] Paulus sagt an anderer Stelle, dass sich die Eheleute „aus Ehrfurcht vor Christus" einander unterordnen sol-

---

253 Mulieris Dignitatem, 10.

254 Vgl. TdL 92,6.

255 Eph 5,22–33; TdL 91,2.

len.[256] Beachte, dass die Quelle der gegenseitigen Unterordnung die Ehrfurcht ist und ihr Ausdruck ist die Liebe.[257]

Paulus spricht nicht von Knechtschaft, denn die Liebe schließt jede Art von Unterwerfung aus, die unterdrückt.[258] Es kann keine Form der Unterwerfung oder Unterordnung sein, die den Einzelnen erniedrigt, das Paar entzweit oder der wahren Gemeinschaft der Menschen widerspricht.

Welche Art der Unterordnung ist also veredelnd? Der einzig mögliche Schlüssel zur Auslegung dieses Abschnitts besteht darin, die Beziehung zwischen Christus und seiner Braut, der Kirche, zu verstehen.[259] Das offenbart die wesentliche Wahrheit über die Ehe.[260] Als Haupt der Kirche ist er [Jesus] ihr Retter, was bedeutet, dass er ihr dient, indem er sein Leben als Opfergabe für sie hingibt.

Der heilige Paulus erklärt dazu:

Ihr Männer, liebt eure Frauen, wie auch Christus die Kirche geliebt und sich für sie hingegeben hat, um sie zu heiligen, da er sie gereinigt hat durch

---

256 Eph 5,21.
257 Vgl. TdL 89,3.
258 Vgl. TdL 89,4.
259 Vgl. TdL 89,8.
260 Vgl. TdL 90,2.

> das Wasserbad im Wort! So will er die Kirche herrlich vor sich hinstellen, ohne Flecken oder Falten oder andere Fehler; heilig soll sie sein und makellos (Eph 5,25–27).

Das Vorbild der Liebe, das Christus den Ehemännern gibt, ist dadurch definiert, dass er „sich für sie hingibt“. Wie Johannes Paul II. erklärt, ist diese Liebe nicht einfach ein Bild, sondern ein Vorbild für die Liebe, die ein Ehemann seiner Frau in der Ehe erweisen muss.[261] Weil sie eine Selbsthingabe ist, ist die Liebe Christi treu und dauerhaft. So soll auch die Liebe eines Mannes zu seiner Frau sein. Wenn ein Mann sich einer Frau „schenkt“, bedeutet dies, dass er sich nicht in Gedanken, Worten oder Taten anderen Frauen hingibt. Er gehört ihr.

Aber die bräutliche Liebe Christi ist auch eine erlösende Liebe. Johannes Paul II. weist darauf hin, dass das wesentliche Ziel der Liebe Christi die Heiligung seiner Braut ist.[262] Das „große Geheimnis“, das sich in der Liebe Christi zur Kirche offenbart, zeigt, dass die bräutliche Bedeutung des Leibes mit seiner erlösenden Bedeutung verbunden ist. Deshalb „finden die Eheleute in diesem Zusammenhang die Antwort auf die Frage nach dem Sinn ihres Leibseins“.[263]

---

261 Vgl. TdL 91,4.
262 Vgl. TdL 91,6.
263 TdL 102,5.

Im obigen Abschnitt verbindet Paulus das Geschenk des Bräutigams mit der Reinigung der Braut. Sie wird geheiligt durch „die Waschung mit Wasser, begleitet von dem Wort". Eine solche Sprache ist modernen Lesern fremd, aber für die Zuhörer des Paulus wäre sie offensichtlich gewesen. In den alten griechischen und jüdischen Kulturen nahm die Braut vor ihrer Hochzeit ein „Hochzeitsbad" mit duftenden Ölen, damit sie so rein und schön wie nur möglich war. Paulus verwendet dies als Bild für die Taufe, welche die Seele durch das Auslöschen der Sünde und das Ausgießen der Gnade reinigt und verschönert.[264] Der *Katechismus* sagt: „Das ganze christliche Leben trägt die Handschrift der bräutlichen Liebe Christi und der Kirche. Schon die Taufe, der Eintritt in das Volk Gottes, ist ein bräutliches Mysterium; sie ist sozusagen das „Hochzeitsbad", das dem Hochzeitsmahl, der Eucharistie, vorausgeht."[265]

Nach dem Hochzeitsbad wird die Braut dem Bräutigam gezeigt und Paulus verwendet ihre körperliche Schönheit als Bild für die geistliche Schönheit, also die Heiligkeit. Johannes Paul II. erklärt, dass dies „auf den Augenblick bei der Hochzeitsfeier hinzuweisen [scheint], in dem die Braut dem Bräutigam

---

264 Vgl. TdL 91,8.

265 KKK 1617.

im Brautkleid und Brautschmuck zur Vermählung zugeführt wird".[266] Er fährt fort: „Es ist bezeichnend, dass in dem zitierten Text die *herrliche Gestalt der Kirche* im *Bild einer Braut als die Schönheit des Leibes der Braut vorgestellt wird.* Gewiss ist dies eine Metapher, aber eine sehr beredte, die bezeugt, wie wichtig der Leib in der Analogie der bräutlichen Liebe ist."[267]

Paulus setzt fort:

> Darum sind die Männer verpflichtet, ihre Frauen so zu lieben wie ihren eigenen Leib. Wer seine Frau liebt, liebt sich selbst. Keiner hat je seinen eigenen Leib gehasst, sondern er nährt und pflegt ihn, wie auch Christus die Kirche. Denn wir sind Glieder seines Leibes (Eph. 5,28–30).

Wenn ein Ehemann seine Frau nähren soll, wie Christus für die Kirche sorgt, wie nährt dann Christus seine Braut? Die Nahrung, die Jesus seiner Kirche anbietet, ist die Eucharistie: „Denn mein Fleisch ist die wahre Speise und mein Blut ist der wahre Trank."[268] Die Pflicht des Ehemannes, seine Frau zu lieben, lässt sich daher im Wandlungsgebet bei jeder Heiligen Messe zusammenfassen: „Das ist mein Leib, der für euch hingegeben wird." Die-

---

[266] TdL 91,8.
[267] TdL 92,2.
[268] Joh 6,55.

se Worte versprechen nicht nur ein Opfer bis zum Tod, sondern sie drücken auch ein Geschenk des Lebens aus. Sie sind die Blaupause der bräutlichen (und daher erlösenden) Liebe.

In der Eucharistie wird Christus mit seiner Braut, der Kirche, ein Fleisch, um ihr das geistliche und ewige Leben zu schenken: „Wer mein Fleisch isst und mein Blut trinkt, hat das ewige Leben."[269] In ähnlicher Weise gibt der Ehemann seiner Braut seinen Leib, damit sie durch ihre Vereinigung das Geschenk des Lebens empfangen kann.[270] Da die Eucharistie die bräutliche Bedeutung des Leibes Christi ist, hat sie eine einheitsstiftende und lebensspendende Dimension.[271] So betont Johannes Paul II., „dass auch die mit Christus wie die Ehefrau mit dem Ehemann verbundene Kirche ihre ganze Fruchtbarkeit und geistige Mutterschaft aus dem Sakrament der Erlösung schöpft".[272] Aus diesem Grund nennt er die Eucharistie *„das Sakrament des Bräutigams und der Braut"*.[273]

Bei der Behandlung des Priestertums stellt der Heilige Vater fest, dass Jesus uns die Eucharistie gegeben hat, um in gewisser Weise „die gottgewollte Beziehung zwischen Mann und Frau, zwischen

[269] Joh 6,54.
[270] Vgl. TdL 92,8.
[271] Vgl. TdL 97.
[272] TdL 97,4.
[273] Mulieris Dignitatem, 26.

dem ‚Weiblichen' und ‚Männlichen', sowohl im Schöpfungsgeheimnis wie im Geheimnis der Erlösung" zum Ausdruck zu bringen.[274] Christopher West erklärte: „Die bräutliche Bedeutung des Leibes des Mannes ruft ihn dazu auf, die Initiierung des Geschenks durch Gott darzustellen, während die bräutliche Bedeutung des Leibes der Frau sie dazu aufruft, die Empfänglichkeit und die Antwort der Menschheit auf das Geschenk darzustellen."[275] Dieses Schema wiederholt sich in der ganzen Heiligen Schrift, wenn Gott den Bund mit Israel stiftet oder wenn Christus als Erster sein Leben für seine Braut hingibt. In ähnlicher Weise ist der Mann aufgerufen, als Erster die Frau mit seiner Liebe zu beschenken. Obwohl die Berufung des Mannes, die Liebe zu initiieren, durch die Begierde verzerrt wurde, bleibt seine wahre Mission bestehen.

Wenn man den Plan Gottes für die menschliche Liebe in der Ehe versteht, wird nicht nur die Bedeutung der Heiligen Messe strahlend klar, sondern alle Sakramente erhalten eine tiefere Bedeutung. Johannes Paul II. bemerkt, dass alle Sakramente in gewisser Weise ihren Prototyp in der Ehe als Ursakrament finden.[276] In seinen Worten ist die Ehe

[274] Mulieris Dignitatem, 26.

[275] West, Theology of the Body Explained, 411; vgl. Mulieris Dignitatem, 4; TdL 92,6.

[276] Vgl. TdL 98,2.

das *„Fundament jeder sakramentalen Ordnung"*.[277] Jedes dieser Sakramente bezieht seine Bedeutung und Kraft aus der bräutlichen Liebe Christi.[278] Die Ehe erleuchtet jedes Sakrament, weil wir uns durch unseren Leib in lebenspendender Weise mit Christus vereinen.

Weil die menschliche Liebe in der Ehe ein Zeichen ist, das die Menschheit auf Gott als die Quelle unserer letzten Erfüllung hinweist, fährt Paulus in Epheser 5 mit der folgenden Aussage fort:

> Darum wird der Mann Vater und Mutter verlassen und sich an seine Frau binden und die zwei werden ein Fleisch sein (Eph 5,31).

Wie bereits erwähnt, lesen die meisten Menschen diese Stelle und halten nicht inne, um darüber nachzudenken: Aus welchem Grund verlässt der Mann seine Eltern? Der Grund dafür ist, die unsichtbare Liebe Gottes sichtbar zu machen. Unsere Erschaffung als Mann und Frau und der Ruf an die beiden, „ein Fleisch" zu werden, offenbart eine tiefe Wahrheit über die Beziehung Christi zu uns. Wie Johannes Paul II. bekräftigt, ist dies die grundlegende Art und Weise, in der dieses ewige Geheimnis der Liebe für uns sichtbar wird.[279] Einfach ausge-

---

277 TdL 95b,7.

278 Vgl. TdL 99,1.

279 Vgl. TdL 95b,6.

drückt, ist die Ein-Fleisch-Einheit ein Zeichen der Liebe Gottes zu den Menschen und seines Heilsplanes.[280] Hier geht es nicht darum, Sex eine Theologie aufzuzwingen, sondern Gottes ursprünglichen Plan für die menschliche Sexualität zu offenbaren.

Da die moderne Kultur die menschliche Sexualität abgewertet hat, fällt es vielen leider schwer, das Heilige mit dem Sexuellen zu verbinden. Aber die beiden sollten nicht im Widerspruch zueinander stehen. Karol Wojtyła widmet einen bedeutenden Teil von *Liebe und Verantwortung* dem Thema der Sexualwissenschaft und als Papst stellt er fest: Während dic Thcologie die Bedeutung der menschlichen Sexualität erhellen kann, so kann die Sexualität an sich auch theologische Wahrheiten offenbaren. In seinen Worten: „Die rein biologische Kenntnis der mit dem Mann- und Frausein der menschlichen Person in Zusammenhang stehenden organischen Funktionen des Körpers vermag nur dann bei der Erkenntnis der authentisch bräutlichen Bedeutung des Leibes *hilfreich zu sein, wenn sie mit einer entsprechenden geistigen Reife der menschlichen Person einhergeht.*“[281]

Um den Leib und die Sexualität von einer Kultur zurückzuerobern, die ihre Bedeutung entstellt hat, bedarf es der Ehrfurcht und nicht der Angst.

---

[280] Vgl. TdL 92,3; 93,2.
[281] TdL 59,4.

Der heilige Paulus schließt seine Ausführungen über die Ehe und die Ein-Fleisch-Bindung mit der Erklärung ab:

> Dies ist ein tiefes Geheimnis;
> ich beziehe es auf Christus und die Kirche
> (Eph 5,32).

In den Augen Gottes ist die Ehe nicht in erster Linie etwas, was zwei Menschen *tun* (Gelübde austauschen und dann zusammenleben und einander lieben). Vielmehr geht es in der Ehe in erster Linie darum, was zwei Menschen *werden*: ein Abbild der Liebe Christi zur Kirche.[282] Dies ist das „große Geheimnis", das Paulus hier enthüllt. Was als Geheimnis verborgen war, wird als Sakrament sichtbar.

Die grundlegende Definition eines Sakraments ist ein „sichtbares Zeichen einer unsichtbaren Wirklichkeit".[283] Aber die Sakramente der Kirche sind mehr als nur Zeichen für eine geistige Wirklichkeit. Sie sind wirksame Zeichen, d. h. sie übertragen Gnade. Johannes Paul II. erklärt: „Die Sakramente flößen die Heiligkeit dem Gelände der Menschlichkeit des Menschen ein: Sie durchdringen die Seele und den Leib, die Weiblichkeit und Männlichkeit des personalen Subjekts mit der Kraft der Heiligkeit."[284]

---

282 Vgl. TdL 103,3.
283 TdL 87,5.
284 TdL 117b,2.

Deshalb erklärt der Papst, dass durch das Ehesakrament „sich im Menschen jenes von Ewigkeit her in Gott verborgene Geheimnis [verwirklicht]".[285] Man sollte die Bedeutung dieser Worte nicht beschönigen: Die Ehe kann im Menschen das Geheimnis verwirklichen, das von Ewigkeit her in Gott verborgen war. Das Geheimnis, das von Ewigkeit her in Gott verborgen war, ist sein Heilsplan für die Menschheit, der in Christus offenbart wurde.[286] Die Identität – und die Mission – der christlichen Ehe soll daher eine Verkörperung dieses Planes sein. Am Anfang war die Ehe ein klares Zeichen für Gottes liebevollen Plan für die Menschheit. Obwohl dieses Zeichen durch die Sünde getrübt wurde, stellt die Liebe Christi zu seiner Braut den herrlichen Plan Gottes wieder her.[287]

Das Licht dieser offenbarten Analogie leuchtet in beide Richtungen: Nicht nur offenbart die Beziehung zwischen Christus und seiner Kirche, wie die Ehe aussehen sollte, sondern die Ehe erhellt auch die Liebe Christi zur Kirche.[288] Zum Beispiel werden Mann und Frau eins und Jesus wurde ein Leib mit seiner Kirche, indem er sich ihr ganz schenkte.[289] Deshalb wird die Braut Christi auch der Leib Christi genannt.

---

285 TdL 93,5.
286 Vgl. TdL 93.
287 Vgl. TdL 98,8.
288 Vgl. TdL 90; 93.
289 Vgl. Eph 5,25; TdL 90,5.

Da die Kirche der Leib Christi ist, ist sie die Ausdehnung der Person Jesu Christi durch Raum und Geschichte. Die zwei sind ein Leib, und deshalb hat die Kirche die Macht, Seelen zu heiligen, Dämonen auszutreiben, Sünden zu vergeben, die Wahrheit unfehlbar zu verkünden und Brot in das Fleisch Gottes zu verwandeln. Die erlösende Kraft Jesu Christi von seiner Kirche zu trennen, ist nicht nur eine Enthauptung des Leibes Christi, sondern auch eine Scheidung. Was Gott verbunden hat, darf niemand trennen. Nachdem Paulus die Herrlichkeit von Gottes Plan für die Ehe erklärt hat, endet er:

> Indessen sollt auch ihr, jeder Einzelne, seine Frau lieben wie sich selbst, die Frau aber ehre ihren Mann (Eph 5,33).

Ein nützliches Hilfsmittel beim Bibelstudium ist es, sich daran zu erinnern, dass man immer dann, wenn man ein Wort wie „deshalb", „darum" oder „indessen" sieht, fragen sollte, warum es da steht. In diesem Fall schlägt Paulus vor, dass die Art und Weise, wie die Eheleute miteinander umgehen, ein Resultat ihres Bewusstseins sein sollte, was sie für die Welt bedeuten. Um einander richtig zu lieben, müssen sie sich an der Liebe zwischen Jesus und seiner Braut orientieren. Oder, um es mit den Worten von Johannes Paul II. zu sagen: Gott ruft Männer und Frauen dazu auf, „aus dem bräutlichen Verhältnis Christi zur Kirche *dieses Sakrament neu verstehen zu lernen*".[290] Die Zwei müssen sich der Tatsache bewusst sein, dass ihr Leben und ihre Liebe zusammen „das Zeichen des *Geheimnisses von Schöpfung und Erlösung* trag[en]".[291] Er fügt hinzu: „Die Eheleute sind daher für die Kirche eine ständige Erinnerung an das, was am Kreuz geschehen ist."[292]

In dem Maße, in dem die Eheleute diese Wahrheiten verinnerlichen, werden sie umso mehr in der Lage sein, einander zu lieben. Eine der Aufgaben der Ehe ist die Heiligung der Eheleute. Infolgedessen werden Fehler an die Oberfläche kommen und diese Sünden und Unzulänglichkeiten zwingen die Eheleute zu lernen, einander zu vergeben und Vergebung zu suchen. Prüfungen werden auftreten, welche die Eheleute im Gebet auf die Knie zwingen. Aber diese Herausforderungen höhlen die Liebe nicht aus. Sie schmieden sie.

---

290 TdL 102,2.

291 TdL 131,4.

292 Familiaris Consortio, 13.

DIE DIMENSION DES ZEICHENS

Die Sprache des Leibes

Im vorhergehenden Kapitel der Theologie des Leibes hat Papst Johannes Paul II. das göttliche Element des Ehesakraments (Gottes Bund und Gnade) untersucht. Nun wendet er seine Aufmerksamkeit der menschlichen Dimension zu, durch die Gott handelt (das Zeichen).

Wenn die Liebe Christi zur Kirche das Vorbild für die Liebe zwischen den Eheleuten ist, dann sind ihre Liebesbekundungen in dem Maße gut, wie sie seine Liebe widerspiegeln und zu einem klaren Zeichen für sie werden. Bei der Beurteilung der Moral eines jeden sexuellen Aktes muss daher *diese* Frage berücksichtigt werden: Bringe ich mit meinem Leib die Liebe Gottes zum Ausdruck?[293]

Die Liebe Gottes ist frei, bedingungslos, treu und lebenspendend. Die moderne Sexualität ist jedoch oft eine Verkehrung von all dem: Anstatt frei zu sein, wird für sie oft in der Prostitution bezahlt, in sexuellem Missbrauch wird sie gefordert und ist von Sucht getrieben. Anstatt bedingungslos zu sein, wird sie oft auf sexuelle Kontakte, Selbstbefriedi-

[293] Vgl. Man and Woman He Created Them, 122.

gung und leere Online-Begegnungen reduziert. Anstatt treu zu sein, wird sie oft durch Affären entwürdigt – sowohl durch körperliche als auch durch fantasierte. Anstatt fruchtbar zu sein, wird sie oft verhütet, sterilisiert und abgetrieben.

Das große Zeichen, das Gott als Abbild seiner Liebe zur Menschheit geschaffen hat, wurde systematisch demontiert.

Die Aufgabe des Christen ist, es wiederherzustellen, damit der menschliche Leib wieder das sichtbare Zeichen der unsichtbaren Liebe Gottes werden kann. Wie ist das möglich?

Indem wir mit unserem Leib die Wahrheit sagen.

Aufgrund seiner bräutlichen Bedeutung ist der Leib in der Lage, die Liebe auszudrücken. Aber er kann auch das Gegenteil vermitteln. Aus diesem Grund spricht Johannes Paul II. von der „Sprache des Leibes". Nicht zu verwechseln mit der „Körpersprache", die auch Tiere durch Angst, Aggression oder Erregung ausdrücken können; der Leib spricht die Sprache des Personseins; er spricht die Wahrheit über unseren Ruf, wie Gott zu lieben. Das ist eine gute Nachricht, keine öde Liste von moralischen Vorschriften! In diesem Zusammenhang weist Michael Waldstein darauf hin, dass die Theologie des Leibes „nicht in erster Linie eine Ermahnung ist, dem *Gesetz* des Leibes zu folgen, sondern eine überzeugende Verkündigung des *Evangeliums* des Leibes".[294]

Mit den Worten von Johannes Paul II. können wir den moralischen Wert eines sexuellen Aktes danach beurteilen, ob der Akt eines Paares *„den Charakter eines wahrheitsgemäßen Zeichens"* besitzt oder nicht.[295] Während des sexuellen Aktes in der Ehe beispielsweise sprechen die Leiber der Ehegatten die Wahrheit. Der Leib sagt: „Ich gehöre ganz dir. Ich gebe mich dir hin." Die Ganzhingabe des Leibes entspricht der Ganzhingabe der Person. Aber so wie der Leib in der Lage ist, die Wahrheit zu sagen, so ist er auch in der Lage zu lügen. Sexuelle Intimität außerhalb der Ehe ist ein solches Beispiel. Die Leiber sagen: „Ich gehöre ganz dir. Ich gebe mich dir hin." Aber in Wirklichkeit findet keine vollständige Selbsthingabe statt.

Auch wenn ein Paar, das sich trifft, nicht die Absicht hat, in ihrer Beziehung zu betrügen, ist sexuelle Intimität außerhalb der Ehe eine Lüge in der Sprache des Leibes. Es ist nicht nur so, dass sexuelle Intimität *in* die Ehe gehört, sondern der Geschlechtsverkehr *ist* ehelich. Die Worte „Ich nehme dich zu meiner Frau/zu meinem Mann" können nur durch Geschlechtsverkehr erfüllt werden.[296] Das Ehever-

[294] Ebd., 127.
[295] TdL 37,6.
[296] Vgl. TdL 103,2.

sprechen wird Fleisch, wenn die Worte in die Realität übergehen.

Auch wenn wir die Autoren der Sprache des Leibes sind, bedeutet dies nicht, dass wir ihre Bedeutung relativieren und selbst bestimmen können, was gut und böse ist. Der subjektive Ausdruck soll mit der objektiven Wirklichkeit übereinstimmen.[297] Das kann schwierig sein, denn Johannes Paul II. weist darauf hin, dass die Konkupiszenz viele Fehler beim Wiederlesen der Sprache des Leibes mit sich bringt.[298] Wir sind versucht, die Wahrheit zu verbiegen, und diese Tendenz hört nicht auf, wenn man die Ehe eingeht.

Ehemänner und Ehefrauen müssen darauf achten, die Wahrheit in und durch ihren Leib zum Ausdruck zu bringen. Sie haben sogar eine besondere Pflicht, dies zu tun. Da der Leib in der Lage ist, eine Sprache zu sprechen, stellt Johannes Paul II. fest, dass Ehemänner und Ehefrauen in der Lage sind, ein Zeugnis abzulegen, das eines wahren Propheten würdig ist.[299] Ein Prophet ist jemand, „der mit menschlichen Worten die von Gott kommende Wahrheit ausdrückt“.[300] Ihre Aufgabe als Ehepaar

---

[297] Vgl. TdL 104,7; 105,2.6; 107,5.
[298] Vgl. TdL 107,3.
[299] Vgl. TdL 104,1; 105,2; 106,4.
[300] TdL 105,2.

ist es, „eben diese in der Wahrheit wiedergelesene ‚Sprache des Leibes' [zu verkünden]".[301]

Das Hohelied

Nach der Einführung in das Konzept der Sprache des Leibes, aber bevor er erklärt, wie Männer und Frauen diese Lehren auf ihr tägliches Leben anwenden können, bereitete Johannes Paul II. zehn weitere Betrachtungen vor, in denen er das Hohelied, Tobit und den Epheserbrief erörterte. Ein großer Teil dieser Vorträge wurde jedoch nie gehalten, weil er sie als zu schwierig für jüngere Zuhörer erachtete. Erst viele Jahre später wurden die vollständigen Texte der Öffentlichkeit zugänglich gemacht.

Der Papst beginnt mit einer Reflexion über das Hohelied der Liebe, das eine Feier der erotischen Liebe ist. Die Poesie des Autors vereint das Heilige und das Sexuelle, da die Worte der Braut und des Bräutigams wie ein Duett ineinander verwoben sind.[302] Durch sie führt Johannes Paul II. den Leser durch eine Reihe von Schritten, welche die Reifung des sakramentalen Zeichens zeigen. Moderne Leser mögen sich fragen, warum sinnliche Literatur in die Mitte des Alten Testaments gehört, aber die Juden

---

301 TdL 105,2; vgl. 104,8.

302 Vgl. TdL 108,5.

schätzten sie sehr. Der berühmte weise Rabbi Akiba aus dem ersten Jahrhundert erklärte: „Alle Zeitalter sind den Tag nicht wert, an dem das Hohelied Israel gegeben wurde; denn alle Schriften sind heilig, aber das Hohelied ist das Allerheiligste."[303]

Nach den Worten von Johannes Paul II. ist das Hohelied so, als würde man Adams erstes fasziniertes Luftschnappen beim Anblick Evas in ein ganzes Buch voll Poesie verwandeln![304] Darin bringt das Paar seine gegenseitige Bewunderung für die Männlichkeit und die Weiblichkeit des Anderen zum Ausdruck. Insbesondere bringt der Bräutigam seine Faszination und sein Staunen über den Körper und den Leib der Braut zum Ausdruck, der sie als Person offenbart. Er staunt nicht nur über sie, sondern auch über die Liebe, die sie teilen. Die Augen und das Herz des Bräutigams werden von der Offenbarung der Weiblichkeit und dem Geschenk, das sie für ihn ist, eingenommen.[305] Allerdings wird davor gewarnt, dass der Mann sie nicht nur als ein Objekt der erotischen Faszination betrachten darf. Vielmehr ist sie eine Person – eine Schwester –, die um ihrer selbst willen geschaffen wurde.

---

303 Herbert Danby, The Mishnah. Peabody, Mass., Hendrickson Publishers, 2011, 782.

304 Vgl. TdL 108,5.

305 Vgl. TdL 111,2.

So wie Christus sich wünscht, dass seine Braut makellos und schön ist, so sagt auch der Bräutigam im Hohelied: „*Alles an dir ist schön* … kein Makel haftet dir an."[306] Dabei handelt es sich nicht nur um ein oberflächliches Verlangen nach körperlicher Attraktivität. Vielmehr ist die Schönheit des Körpers eine Metapher für die Heiligkeit, welche die Abwesenheit des Makels der Sünde ist. Ein Zeichen authentischer Liebe ist, dass man das Wohl des Anderen ersehnt und darauf hinarbeitet. Johannes Paul II. erklärt: „Das Gute, das der Liebende durch seine Liebe schafft, ist ein Beweis dieser Liebe und ihr Maßstab."[307] Mit anderen Worten: Wenn ein Mann behauptet, eine Frau zu lieben, ohne die Schönheit ihrer Seele zu schützen, ist seine Liebe falsch.

Sein Verlangen nach Schönheit ist jedoch eine gute Sache. Johannes Paul II. weist darauf hin: „Das aus der Liebe und auf der Grundlage der ‚Sprache des Leibes' geborene männliche Streben ist ein Suchen nach umfassender Schönheit, nach Reinheit, frei von jedem Makel: Es ist ein Suchen nach einer Vollkommenheit, die sozusagen die *Synthese der menschlichen Schönheit, der Schönheit der Seele und des Leibes*, umfasst."[308] Nicht selten suchen Männer und Frauen aufgrund der Konkupiszenz die äußere

306 Eph 1,3–7,10; Hld 4,7; TdL 108,8; vgl. TdL 112,3.
307 TdL 92,4.
308 TdL 112,3.

Schönheit im Anderen (und in sich selbst), wobei sie die geistige Schönheit wenig oder gar nicht beachten. Die Lösung für dieses Problem besteht jedoch nicht darin, das Gutsein des Leibes zu verachten, sondern darin, die Sprache, die er verkündet zu erlernen. Er erklärt: „Sowohl die Weiblichkeit der Braut als auch die Männlichkeit des Bräutigams sprechen ohne Worte.“[309] Die Sprache des Leibes, die sich im Begehren (nicht in der Begierde) ausdrückt, führt zur Vereinigung der Eheleute, wo sie einander gehören.[310]

Die Schlüsselfrage, die der Papst stellt, lautet wie folgt: Wer wird der Mann für die Frau sein und wer wird die Frau für den Mann sein?[311] In der Bewunderung des Bräutigams für die Braut erklärt er: „Verzaubert hast du mich, meine Schwester Braut.“[312] Johannes Paul II. stellt fest, dass dies eine Prüfung der Motive des Herzens eines Menschen ist.[313] Sucht er Liebe oder Begierde? Ist sein Interesse Selbsthingabe oder Selbstbefriedigung?

Die Antwort gibt der Bräutigam, wenn er sie als „Schwester“ bezeichnet. Das mag dem Leser seltsam und unromantisch vorkommen, verweist aber

---

309 TdL 109,1.

310 Vgl. TdL 112,5.

311 Vgl. TdL 43,7.

312 Hld 4,9.

313 Vgl. TdL 109,4.

auf die Tatsache, dass sie mit ihm eine Schwester im gemeinsamen Menschsein ist, sich aber in ihrer Weiblichkeit von ihm unterscheidet. Ihr Unterschied, so lehrt Johannes Paul II., „besteht nicht nur in Bezug auf das Geschlecht, sondern auf die Weise des Personseins".[314] Eine der besonderen Eigenschaften der Weiblichkeit ist beispielsweise die Offenheit der Frau gegenüber anderen. Dies stellt jedoch eine Frage für den Mann dar. Der Papst erklärt: „Die ‚Schwester' hilft gewissermaßen dem Mann, sich zu definieren und zu begreifen; sie wird für ihn gleichsam eine Herausforderung in dieser Richtung."[315]

Der Bräutigam im Hohelied nimmt diese Herausforderung an und bezeichnet sie weiterhin als Schwester, woraufhin sie antwortet: „Da hab ich in seinen Augen Frieden gefunden!"[316] Johannes Paul II. stellt fest: Der Grund für ihren Frieden liegt darin, dass ihr Bräutigam die Sprache des Leibes in Wahrheit wiedergelesen und damit die Unantastbarkeit ihrer Person entdeckt hat.[317] Das klingt zwar kompliziert, ist es aber nicht. Sie zeigte sich in den Augen des Mannes als „Herrin ihres eigenen Geheimnisses".[318] Weil sie eine Person ist, kann

---

314 TdL 109,4.
315 Ebd.
316 Hld 8,10; TdL 109,4; vgl. TdL 110,2.
317 Vgl. TdL 110,8.
318 TdL 110,7.

niemand in ihrem Namen handeln. Sie ist frei, sich selbst zu verschenken, und diese Freiheit zeigt ihre Würde. Er darf nicht für sie wählen oder ihr seinen Willen aufzwingen.

Der Bräutigam ist sich dessen bewusst, was sich an der Art, wie er von ihr spricht, zeigt. Er sagt: „*Ein verschlossener Garten* ist meine Schwester Braut, ein verschlossener Garten, *ein versiegelter Quell.*"[319] Sie ist ein Geschenk, das es zu empfangen gilt, nicht ein Objekt, das zu ergreifen ist. Da die Braut „Herrin des intimen Geheimnisses ihrer eigenen Weiblichkeit" ist, kann nur sie allein das Geheimnis preisgeben und sich selbst zum Geschenk machen.[320] Der Bräutigam seinerseits muss nicht nur in seinen Handlungen, sondern auch in seinen Absichten Reinheit beweisen, um ihre Unantastbarkeit zu respektieren.

Weil er sich bewusst ist, dass sie ein Geschenk ist, gibt sie sich freiwillig hin und antwortet mit den Worten: „Ich gehöre meinem Geliebten und mein Geliebter gehört mir."[321] Johannes Paul II. fährt fort: „Die Braut weiß, dass der Bräutigam nach ihr ‚*verlangt*', und sie geht ihm mit der Bereitschaft entgegen, sich an ihn zu verschenken, weil die Liebe, die beide verbindet, zugleich geistiger und sinnli-

319 Hld 4,12 (EU 1980).

320 TdL 111,6.

321 Hld 2,16, 6,3; TdL 110,8.

cher Natur ist."[322] Dies zeigt, warum ein Mann eine Frau nicht richtig als Braut lieben kann, ohne sie zuerst als Schwester zu lieben.

Nachdem von der Frau als einem verschlossenen Garten und einer versiegelten Quelle gesprochen wurde, geht die Liebesdichtung zu dem über, was Johannes Paul II. als den Abschluss und die Krönung des ganzen Hoheliedes betrachtet.[323] Die Braut erklärt: „Leg mich wie ein Siegel auf dein Herz, wie ein Siegel auf deinen Arm, denn stark wie der Tod ist die Liebe."[324] Johannes Paul II. ruft aus: „Hier erreichen wir in gewissem Sinne den Gipfel einer Liebeserklärung."[325] Sie öffnet sich ihm, weil er bereit ist, sein ganzes Leben für sie einzusetzen und sie bis zum Tod zu lieben.

Im Licht dieser Liebesgeschichte wird deutlich, dass die Lehre der Kirche über die Ehe keine willkürlichen oder auferlegten moralischen Regeln sind. Vielmehr schützen und verkünden sie die tiefsten Sehnsüchte des menschlichen Herzens: uns selbst zu einem Geschenk zu machen, um den Gott nachzuahmen, der uns geschaffen hat. Wenn die Sprache des Leibes in der vollen Wahrheit der Person

[322] TdL 111,5.
[323] Vgl. TdL 111,6.
[324] Hld 8,6.
[325] TdL 111,6.

und der Liebe wiedergelesen wird, führt sie uns zu der Erkenntnis, dass die echte Liebe stark ist wie der Tod.[326]

Papst Johannes Paul II. geht in seinen Reflexionen jedoch noch einen Schritt tiefer und sagt: „Diese Worte sprechen über die Macht der Liebe, die Macht des Eros, die in liebender Einheit erlebt wird, aber sie sagen auch (wenigstens indirekt), dass in der Sphäre der ‚Sprache des Leibes' diese Liebe endgültig durch den Tod begrenzt wird."[327] Die irdische Liebe – wie berauschend sie auch sein mag – ist nicht die letzte Erfüllung des menschlichen Herzens. Er fährt fort: „Im Hohelied zeigt der menschliche Eros das Antlitz einer *Liebe*, die immer *auf der Suche* ist und *fast nie befriedigt* wird."[328] Er ist sehnsüchtig und ruhelos. Es ist notwendig, so Johannes Paul II., dass der Eros über sich hinauswächst.[329] Aber diese Art von Liebe wurde erst Jahrhunderte nach der Niederschrift des Hohelieds offenbart, als der Apostel Paulus von einer Liebe spricht, die „niemals auf[hört]".[330]

---

326 Vgl. TdL 113,3.
327 TdL 112,5.
328 TdL 112,4.
329 Vgl. TdL 113,2.
330 1 Kor 13,4–8.

Tobit

Nach der Erörterung des Hoheliedes betrachtet der Papst die Ehe von Tobias und Sarah aus dem Buch Tobit. Auch dies ist eine alttestamentliche Liebesgeschichte über die Beziehung zwischen einer Braut und einem Bräutigam, deren Liebe stärker ist als der Tod. Der Erzengel Raphael bringt die beiden zusammen; aber sie stehen vor einem großen Hindernis für die Zukunft ihrer Liebe: Sarah war bereits siebenmal verheiratet und jeder ihrer Ehemänner wurde in der Hochzeitsnacht von einem Dämon getötet. Trotzdem traut sich Tobias mit der Ermutigung des Erzengels in Richtung Ehe und liebt Sarah so sehr, dass „sein Herz [ihr] gehörte".[331] Auch Sarah schritt im Glauben voran, weshalb Johannes Paul II. bemerkt: „Denn wenn auch Tobias allein das Opfer des Dämons werden sollte, ist es doch leicht, sich vorzustellen, welches Opfer auch Sarah leisten müsste."[332]

Sarahs Vater war nicht annähernd so optimistisch wie die beiden und schaufelte dem jungen Mann am Tag nach seiner Hochzeit ein Grab![333] Aber er hatte nicht gehört, was der Engel zu Tobias gesagt hatte, um in der Hochzeitsnacht nicht das gleiche Schicksal wie die Männer zu erleiden, die sie zu-

[331] Tob 6,19 (EU 1980).
[332] TdL 115,1.
[333] Vgl. Tob 8,9.

vor geheiratet hatte. Raphael hatte gesagt: „Wenn du aber zu ihr kommst, erhebt euch beide zuerst, um zu beten. *Bittet den Herrn des Himmels, dass Erbarmen und Rettung über euch kommen mögen*! Fürchte dich nicht! Denn sie ist dir schon von Ewigkeit her bestimmt worden: Du wirst sie retten und mit dir wird sie gehen. Ich bin sicher, dass du Kinder mit ihr haben wirst. Sie werden dir wie Brüder sein. Mach dir keine Sorge!“[334]

Und so sagte Tobias in der Nacht ihrer Hochzeit zu seiner Braut: „Schwester, steh auf, lass uns beten und unseren Herrn bitten, er möge Erbarmen und Rettung über uns walten lassen!“ Sie erhob sich mit ihm, um für ihren Beistand zu beten, und er sprach die folgende Bitte:

> Gepriesen bist du, Gott unserer Väter, und gepriesen ist dein Name durch alle Zeiten des Menschengeschlechts. Der Himmel und deine ganze Schöpfung sollen dich preisen in alle Ewigkeiten! Du hast Adam geschaffen und schufst ihm eine Hilfe zur Stütze, Eva, seine Frau. Aus beiden stammt das Menschengeschlecht. Du sprachst: Es ist nicht gut, dass der Mensch allein sei, schaffen wir ihm eine Hilfe, ihm gleich! Und jetzt nehme ich diese meine Schwester nicht in Unzucht zur Frau, sondern in wahrer Liebe. Befiehl, dass wir

[334] Tob 6,18.

beide Erbarmen finden und gemeinsam alt werden! Und sie sprachen miteinander: Amen, amen (Tob 8,5–8).

Wie im Hohelied bezeichnet der Bräutigam seine Braut als seine Schwester, aber er macht eine bemerkenswerte Aussage in dem Gebet, das er vor dem Vollziehen ihrer Vereinigung spricht. Tobias sagt Gott, dass er diese Schwester nicht aus Begierde zu sich nimmt, sondern aus Aufrichtigkeit.[335] In allen 73 Büchern der Bibel ist dies das einzige überlieferte Gebet, bevor ein Mann und eine Frau ein Fleisch werden. Darin bezeugt der Bräutigam, dass seine Selbsthingabe aufrichtig ist und er nicht von Begierde getrieben ist. Damit will Tobias nicht andeuten, dass er Sarah nicht begehrt oder nicht anziehend findet. Selbst der Erzengel Raphael bestätigt, dass sie schön ist![336] Was Tobias damit sagen will, ist, dass seine leidenschaftliche Liebe zu ihr rein ist. Johannes Paul II. stellt fest, dass der geschwisterliche Charakter ihrer Liebe nicht aufgehoben, sondern in der bräutlichen Liebe verwurzelt ist.[337]

Wie bei ihnen beinhaltet jede Ehe einen großen geistigen Kampf. G. K. Chesterton bemerkte: „Die Ehe

---

335 Vgl. Tob 8,7.
336 Vgl. Tob 6,12.
337 Vgl. TdL 117.

ist ein Abenteuer, als ob man in den Krieg zieht." Es ist daher kein Zufall, dass auf die Verkündigung von Gottes Plan für die menschliche Liebe in Epheser 5 in Epheser 6 das folgt, was Johannes Paul II. „eine[] wundervolle[] Ermutigung zum geistlichen Kampf" nennt.[338] Die Ehe ist von Anfang an eine Prüfung auf Leben und Tod. Doch der Papst beruhigt und erinnert die Paare daran, dass die Liebe „siegt, weil sie betet".[339]

Johannes Paul II. arbeitete viele Jahrzehnte mit jungen Paaren und stellte fest, dass junge Menschen oft denken, „die Vereinigung und das eheliche Zusammenleben würden ihnen ausschließlich Glück und Freude bringen. Die Erfahrung des Lebens zeigt, dass die Eheleute nicht selten in dem, was sie sich vor allem erwarten, enttäuscht werden".[340] Mit der Freude kommt auch die Bedrängnis. Aber wenn in der Ehe Kreuze aufkommen, sollte das die Paare nicht zur Verzweiflung bringen. Der Papst fügt hinzu: „Die Wahrheit und die Kraft der Liebe offenbaren sich in der Fähigkeit, sich zwischen die Kräfte von Gut und Böse zu stellen, die im Menschen und um ihn kämpfen, weil die Liebe auf den Sieg des Guten vertraut und bereit ist, alles zu tun, damit das Gute siegt."[341]

---

338 TdL 88,5.

339 TdL 115,3. Anhang: Audienz vom 27.6.1984.

340 TdL 83,3.

341 TdL 115,2.

Tobias und Sarah vertrauen darauf, dass Gott ihre Ehe schützt und segnet. Und Johannes Paul II. stellt fest, dass ihr Gebet „damit irgendwie das tiefste *Profil der Liturgie* [wird], deren Wort ein *Wort von Kraft* ist. Es ist ein Wort von Kraft, das aus den Quellen des Bundes und der Gnade geschöpft wird. Es ist die Kraft, die vom Bösen befreit und reinigt."[342]

Er stellt fest, dass man anhand der Paare im Hohelied und im Buch Tobit sehen kann, wie die Sprache des Leibes zur Sprache der Liturgie wird.[343] Man vergleiche beispielsweise die Worte des Tobias mit den Gelübden bei einer Hochzeit. Tobias sagt: „Und jetzt nehme ich diese meine Schwester ... zur Frau ... Befiehl, dass wir beide Erbarmen finden."[344] Der Papst merkt an: „Die gegenwärtige Liturgie der lateinischen Kirche lässt die Brautleute sagen: ‚Ich nehme dich an als meine Frau/meinen Mann. Ich verspreche dir die Treue ... Ich will dich lieben, achten und ehren alle Tage meines Lebens'."[345]

Die Trauung ist also nicht nur ein Ritual zur Bestätigung einer Beziehung. Sie ist ein sakramentaler Ausdruck des Rufs zu der sich selbst hingebenden Liebe, den Gott in den menschlichen Leib eingeschrieben hat.

---

342 TdL 115,6.

343 Vgl. TdL 116,4.

344 Tob 8,7.

345 TdL 117,3.

Wenn der menschliche Leib jedoch die Sprache der Liturgie zum Ausdruck bringt, hat er auch die Fähigkeit, sie umzukehren. Aus diesem Grund ist die sexuelle Intimität entweder ein Akt der Weihe oder der Entweihung. Sie kann sakramental oder blasphemisch, liturgisch oder götzendienerisch sein.

Epheser

In seiner Schlussbetrachtung über das Zeichen der Ehe wirft Johannes Paul II. einen abschließenden Blick auf das 5. Kapitel des Epheserbriefes. Wie bereits oben erwähnt, spricht der heilige Paulus hier über die Ehe als ein „großes Geheimnis" in Bezug auf Christus und die Kirche. Papst Johannes Paul II. bemerkt: „Dieser Text führt uns zu einer Dimension der ‚Sprache des Leibes', die wir als ‚mystisch' bezeichnen könnten."[346] Er fügt hinzu, dass „wie *die Sprache und Form* der Liturgie geformt sind [es] *der Sprache des Leibes [entspricht].*"[347]

Um zu verstehen, was er hier meint, muss man sich darüber im Klaren sein, dass er jetzt von „Liturgie" in einem umfassenderen Sinne spricht als von den Ritualen einer Trauung. Der *Katechismus* definiert „Liturgie" als die Teilnahme des Gottesvolkes am

[346] TdL 117b,1.
[347] TdL 117,6.

„Werk Gottes".[348] Was ist „das Werk Gottes"? Es ist das große Geheimnis der Erlösung. Daher ist die Ehe von ihrem Wesen her liturgisch. Sie ist eine Teilnahme an Gottes großem Heilsplan.

Das Bemerkenswerte an der Lehre des heiligen Paulus ist nicht, dass die Liebe Christi zur Kirche allein das „große Geheimnis" darstellt. Vielmehr stellt Johannes Paul II. fest: „Er zögert nicht, diese mystische Analogie auf die ‚Sprache des Leibes' auszudehnen, die in der Wahrheit der bräutlichen Liebe und der ehelichen Vereinigung der beiden zum Ausdruck kommt."[349] Einfach ausgedrückt: Die sexuelle Vereinigung von Mann und Frau macht das „große Geheimnis" des großen und großartigen Heilsplanes Gottes sichtbar (die bräutliche Vereinigung von Christus und der Kirche).

Tatsächlich wird das ganze gemeinsame Leben der Eheleute zu einem liturgischen Akt, indem sie sich dem Anderen zum Geschenk machen. Diese Ausdrucksformen selbstloser Liebe bilden das eigentliche Herz und die Spiritualität der Ehe, die in der Sprache des Leibes gelebt wird.[350] Gemeinsam werden sie „das sichtbare Zeichen der schöpferischen Liebe Gottes".[351]

---

348 Vgl. KKK, 1069.
349 TdL 117b,1.
350 Vgl. TdL 117b,3.
351 Ebd.

Wenn ein Ehemann und eine Ehefrau dies erkennen, beginnen sie, die „Ehrfurcht" zu erfahren, von der Paulus im Epheserbrief spricht. Johannes Paul II. beschreibt diese Ehrfurcht …

> … als *eine geistlich reife Form* jener wechselseitigen Faszination: das heißt des Mannes durch die Fraulichkeit und der Frau durch die Männlichkeit, die uns zum ersten Mal im Buch Genesis enthüllt wird (vgl. Gen 2,23–25). Dann scheint diese Anziehung wie ein breiter Strom durch die Verse des Hoheliedes zu fließen, um unter ganz anderen Umständen im Buch Tobit ihren präzisen und konzentrierten Ausdruck zu finden. Die geistliche Reife dieser Faszination ist nichts anderes als *das Fruchtbringen der Gabe der Ehrfurcht* – einer der sieben Gaben des Heiligen Geistes, von denen der heilige Paulus im 1. Brief an die Thessalonicher spricht (1 Thess 4,4–7).[352]

Für die meisten hat das Wort „Angst" nur eine negative Bedeutung. Paulus spricht jedoch über das tiefe Empfinden von Ehrfurcht, das ein Mensch erfährt, wenn er oder sie sich in der Gegenwart des Heiligen befindet. Wenn beispielsweise der Hohepriester im Alten Testament das Allerheiligste betrat, tat er dies mit einer solchen Ehrfurcht, die ihn zittern ließ. Er wusste, dass er sich auf heiligem Bo-

---

[352] TdL 117b,4.

den befand. Eine ähnliche ehrfürchtige Faszination ist auch im Bereich der sexuellen Intimität gefragt. Dieser tiefe Respekt ist nicht bloß eine Tugend. Sie ist eine Gabe des Heiligen Geistes. Wenn Männer und Frauen diese Erfahrung machen, so stellt Johannes Paul II. fest, werden sie die menschliche Liebe „in einer bisher unbekannten Tiefe, Einfachheit und Schönheit" erleben.[353]

---

[353] TdL 117b,5.

ER GAB IHNEN DAS GESETZ DES LEBENS ZUM ERBE

Humanae Vitae verstehen

Das letzte Kapitel der Theologie des Leibes ist nicht einfach ein Anhang oder eine Zusammenfassung dessen, was der Heilige Vater in seiner Reihe von Audienzen dargelegt hat. Es ist der Höhepunkt all dessen. Er bemerkt: „Unsere bisherigen Gedanken über die menschliche Liebe im Schöpfungsplan Gottes würden irgendwie unvollständig bleiben, wenn wir nicht versuchten, ihre konkrete Anwendung im Bereich der Ehe- und Familienpastoral zu sehen."[354] Johannes Paul II. konzentriert sich insbesondere auf die Enzyklika Papst Pauls VI. aus dem Jahr 1968, *Humanae Vitae*, über die Geburtenregelung. In diesem umstrittenen Schreiben bekräftigte Papst Paul VI. die historische christliche Lehre gegen die Empfängnisverhütung und erklärte, warum alle sexuellen Handlungen auf die Zeugung menschlichen Lebens ausgerichtet bleiben müssen.

Obwohl diese Enzyklika als letztes Thema behandelt wird, ist sie der eigentliche Schwerpunkt der

[354] TdL 118,1.

Theologie des Leibes.[355] Tatsächlich nennt er seine gesamte Lehre über den Leib *„einen umfassenden Kommentar* zu der in der Enzyklika *Humanae Vitae* enthaltenen Lehre."[356] Damit soll nicht gesagt werden, dass die Theologie des Leibes lediglich ein ausführlich ausgearbeitetes Argument gegen die Empfängnisverhütung ist, sondern dass dieses moralische Schlüsselthema nicht vollständig verstanden werden kann, ohne die Erlösung des Leibes und die Sakramentalität der Ehe zu begreifen. Dem Heiligen Vater liegt dieses Thema so sehr am Herzen, dass er erklärt, die Lehre von *Humanae Vitae* sei ein „Kampf [...] um den Wert und den Sinn des Menschseins selbst".[357] Eine solche Formulierung mag manchen als extrem erscheinen, aber der Papst bekräftigt ohne Zögern, dass in dieser Frage die Identität des Menschen auf dem Spiel steht. Um zu verstehen, warum der Papst dies sagt, ist es notwendig, Gottes Plan für lebenspendende Liebe zu verstehen.

Es gibt gewiss Zeiten, in denen Ehegatten gute Gründe haben, eine Schwangerschaft auszuschließen. Aber um die Moral einer Handlung zu beurteilen, darf man nicht nur auf die Motive und

---

355 Vgl. TdL 129; 133.

356 TdL 133,2.

357 Johannes Paul II., Die anthropologische Vision der Enzyklika *Humanae Vitae* in: Von der Königswürde des Menschen. Stuttgart, Seewald Verlag, 1980^2, 182.

Absichten schauen, sondern muss auch objektive Kriterien berücksichtigen.[358] So widerspricht insbesondere die Verwendung von Verhütungsmitteln dem Wesen des sexuellen Aktes, den Gelübden der Brautleute und dem Wesen der Ehegatten selbst.

Ein Widerspruch zum sexuellen Akt

Erstens widerspricht die Empfängnisverhütung dem Wesen der sexuellen Intimität, die eine einheitsstiftende und eine prokreative Bedeutung hat, die zusammengehören. Um zu verstehen, warum es unmoralisch ist, sie zu trennen, stelle man sich vor, dass ein Ehemann seine Frau wegen ihres Fruchtbarkeitspotenzials benutzen wollte, aber kein echtes Verlangen hätte, sich mit ihr auf einer personalen Ebene zu vereinen. Um jede emotionale Verstrickung zu vermeiden, schaut er von ihr weg, wann immer sie körperlich intim werden. Sein ungeordneter und verzerrter Umgang mit dem Geschenk der Sexualität ist offensichtlich. Empfängnisverhütung ist eine Verzerrung des sexuellen Geschenks aus dem gegenteiligen Grund. Sie zielt auf die körperlichen und emotionalen Empfindungen der ehelichen Vereinigung ab, während sie deren prokreatives Potenzial blockiert.

---

[358] Vgl. TdL 121,1.

In den Worten von Johannes Paul II. ist die Untrennbarkeit der beiden Sinngehalte des sexuellen Aktes „nichts anderes, als die ‚Sprache des Leibes' in der Wahrheit wiederzulesen".[359] Der Leib hat eine bräutliche Bedeutung und spricht eine Sprache der totalen Selbsthingabe. Empfängnisverhütung widerspricht dieser Bedeutung in ihrem Kern. Es geht nicht darum, unpersönlichen biologischen Gesetzen zu entsprechen, sondern darum, unseren Willen mit dem personalen Schöpfer in Einklang zu bringen, der unsere Biologie entworfen und seinen Willen in unsere menschliche Natur eingeprägt hat.[360]

Leider sehen die meisten Menschen *Humanae Vitae* als ein veraltetes vatikanisches Dokument an, das mit den Bedürfnissen und Herausforderungen moderner Paare nichts mehr zu tun hat. Ihre Gegner, die sich gegen die Lehre der Kirche stellen, werden als mitfühlende Verfechter des Rechts der Frau auf Zugang zur Familienplanung als einer Form der Gesundheitsfürsorge dargestellt. Was diese Gegner nie zu fragen scheinen, ist die grundlegende Annahme von *Humanae Vitae*: Was ist, wenn der Körper der Frau bereits perfekt geschaffen ist? Was ist, wenn sie keine Medikamente, Chemikalien und Barrie-

[359] TdL 118,6.
[360] Vgl. TdL 124,6; West, Theology of the Body Explained, 591.

ren braucht, um ihre Familie zu planen? Was, wenn sie es einfach nur braucht, verstanden zu werden, und es benötigt, dass ihre Fruchtbarkeit geschätzt wird? Wenn ein Paar die Fruchtbarkeit der Frau erlernen kann, sollte es sich das Ergebnis vor Augen führen: Anstatt ihren Körper mit Chemikalien und Geräten zu kontrollieren, damit er sich nach ihren sexuellen Wünschen richtet, lernt das Paar, seine sexuellen Sehnsüchte so zu kontrollieren, dass sie der perfekten Art und Weise entsprechen, in der Gott ihre Leiber geschaffen hat. Das ist echte sexuelle Befreiung. In diesem Licht betrachtet, ist es leichter zu erkennen, dass die Lehre der Kirche zur Familienplanung nicht einfach nur wahr und gut, sondern vor allem schön ist.

Empfängnisverhütung mag wie ein Fortschritt für die Menschheit erscheinen, weil sie es dem Menschen erlaubt, über seine Natur zu herrschen, in einer Weise, die sein Leben bequemer macht. Johannes Paul II. stellt jedoch fest, dass der menschliche Fortschritt und die menschliche Entwicklung nicht allein an der Technologie gemessen werden können, sondern an dem, was wirklich das Wohl des Menschen, die Ethik und das, was authentisch humanistisch ist, fördert.[361] Empfängnisverhütung hat in allen diesen drei Punkten versagt. Sobald der

[361] Vgl. TdL 129,2; 133,3.

sexuelle Akt von seiner Verknüpfung mit der Fortpflanzung losgelöst war, wurden alle anderen Verzerrungen der Sexualität akzeptabel. Empfängnisverhütung ermöglichte Sex ohne Verpflichtungen wie nie zuvor und führte Männer dazu, Frauen eher als Objekte anstatt als Gefährtinnen zu betrachten, die zu respektieren und zu lieben sind.[362] Das ist kein menschlicher Fortschritt.

Was viele Menschen übersehen, ist, dass Verhütung nicht erfunden wurde, um die Möglichkeit einer Schwangerschaft zu verhindern. Sie wurde erfunden, um die Notwendigkeit der Enthaltsamkeit zu vermeiden. Viele Probleme entstehen jedoch, wenn der Mensch versucht, die Natur zu beherrschen, ohne sich selbst zu beherrschen.

Ein Widerspruch zum Eheversprechen

Empfängnisverhütung ist nicht nur deshalb unmoralisch, weil sie die beiden Sinngehalte des ehelichen Aktes trennt. Sie ist auch ein Widerspruch zu den Gelübden und Versprechen, die sich die Brautleute am Tag ihrer Hochzeit geben. Als Teil der Trauung versprechen die Eheleute, sich einander zu schenken und die ihnen anvertrauten Kinder in ihrem Leben will-

---

[362] Vgl. Humanae Vitae, 17; vgl. Mary Eberstadt, Adam and Eve after the Pill. San Francisco, Ignatius Press, 2012.

kommen zu heißen. Da der sexuelle Akt eine Erneuerung des Eheversprechens ist, steht die Empfängnisverhütung im Widerspruch zu diesen Versprechen.[363]

Indem die beiden ein Fleisch werden, erneuern die Zwei nicht nur ihre Liebe zueinander, sondern werden auch zu einem Bild für die Liebe Christi zu seiner Braut und für ihre Empfänglichkeit für sein göttliches Leben. Die Empfängnisverhütung verfälscht dieses Zeichen. Wenn die Eheleute dazu berufen sind, ein „sichtbare[s] Zeichen der schöpferischen Liebe Gottes zu sein", dann ist die absichtliche Sterilisierung des sexuellen Aktes die Umkehrung ihrer Berufung.[364]

Ein Widerspruch zur Person

Letztendlich ist die Empfängnisverhütung nicht nur ein Widerspruch zum Sinngehalt des sexuellen Aktes und zu den Eheversprechen der Eheleute. Sie steht auch im Widerspruch zur Identität der menschlichen Person.[365] Wie Papst Johannes Paul II. erklärt, „ist der menschliche Leib in seiner Männlichkeit und Weiblichkeit aus sich heraus auf die Vereinigung der Personen […] hingeordnet. Darin

---

363 Vgl. TdL 118,4.

364 TdL 117b,3.

365 Vgl. TdL 118,5; 123,7; 129.

besteht seine bräutliche Bedeutung."[366] Mit anderen Worten: Empfängnisverhütung ist nicht nur deshalb unmoralisch, weil sie die Natur des sexuellen Aktes verletzt, sondern weil sie dabei die menschliche Natur selbst verletzt.

In unser Menschsein ist die Einladung eingeschrieben, sexuelle Intimität als Personen auszudrücken, die nach Gottes Bild und Gleichnis geschaffen sind. Aus diesem Grund erklärt Johannes Paul II., dass Gott dem Menschen das Gesetz des Lebens als ein kostbares *Erbe* gegeben hat – nicht als ein lästiges Verbot. Als er vor Studenten in Polen sprach, erinnerte er sie an die Freude, die man bei dieser Entdeckung empfinden sollte, indem er sagte: „Gott, der Vater ist, der Schöpfer ist, hat einen Widerschein seiner schöpferischen Kraft und Macht in den Menschen eingepflanzt. ... Wir sollten Gott, dem Schöpfer, Loblieder singen für diesen Widerschein seiner selbst in uns – und nicht nur in unseren Seelen, sondern auch in unseren Körpern."[367]

Durch ihre lebenspendende Liebe bilden die Eheleute ein Abbild der Heiligsten Dreifaltigkeit auf Erden.[368] Obwohl sie nur einen schwachen Abglanz

---

[366] TdL 130,5.

[367] Karol Wojtyła, The Way to Christ. San Francisco, Harper, 1982, 55–56.

[368] Vgl. TdL 10,3.

der Herrlichkeit der Gemeinschaft zwischen Vater, Sohn und Heiligem Geist darstellen, ist es ihre Identität und damit ihre Mission, zu werden, wer sie sind. Pascal Ide zitierend, bemerkte Waldstein, dass „man die gesamte Argumentation der Theologie des Leibes in der Aussage zusammenfassen kann: Das Geschenk drückt die wesentliche Wahrheit des menschlichen Leibes aus".[369]

Wenn der Begriff „Geschenk" das ausdrückt, wer wir sind und wozu wir berufen sind, dann spricht die Sprache der Empfängnisverhütung das Gegenteil davon. Es gibt keine wahre gegenseitige Selbsthingabe oder Annahme des eigenen Selbst durch den Anderen. In den Worten von Johannes Paul II.: „Diese Verletzung der inneren Ordnung der ehelichen Vereinigung, deren Wurzeln in die Ordnung der Person hinabreichen, ist *das eigentliche Übel des empfängnisverhütenden Aktes.*"[370]

Das Zentrum der ehelichen Spiritualität

Wenn sich die Eheleute ihrer Identität bewusst sind, wird ihre Berufung deutlich. Nach den Worten von Johannes Paul II. weckt der Heilige Geist in den Eheleuten die *„Gabe der Ehrfurcht vor dem*

---

369 Johannes Paul II., Man and Woman He Created Them, 124.
370 TdL 123,7.

Werk Gottes".[371] Dies dämpft nicht die Erfahrung der Intimität zwischen den Eheleuten, sondern bewahrt sie. Der Papst weist darauf hin, dass diese Ehrfurcht eine enorme Bedeutung für die Ausdrucksweisen der Zuneigung in der Ehe hat, „weil Hand in Hand mit ihr die Fähigkeit zu tiefem Wohlgefallen, Bewunderung und selbstloser Aufmerksamkeit für die ‚sichtbare' und zugleich ‚unsichtbare' Schönheit der Weiblichkeit und Männlichkeit einhergeht".[372]

Obwohl die meisten Menschen das Wort „Keuschheit" nicht mit Intimität in Verbindung bringen, ist sie eine Voraussetzung dafür. Wie bereits dargelegt, ist sie notwendig, um eine echte Gemeinschaft von Personen zu schaffen. Was die Keuschheit in der Ehe betrifft, so erklärt Johannes Paul II., dass diese Tugend „[i]m Mittelpunkt der ehelichen Spiritualität" steht.[373] Die Keuschheit und die Haltung der Ehrfurcht, die sie leitet, prägen die Spiritualität der Eheleute und stärken in ihnen den Wunsch, die Würde des sexuellen Aktes zu schützen. Dies äußert sich nicht nur in der sexuellen Vereinigung, sondern fortwährend durch die verschiedenen Weisen, in denen die Ehegatten ihre Liebe zum Ausdruck

---

371 TdL 132,4.
372 Ebd.
373 TdL 131,2.

bringen.[374] Denn eine wahre Gemeinschaft von Personen in der Ehe drückt sich nicht einfach nur durch sexuelle Intimität aus, sondern durch das Einswerden in Geist und Herz. Diese Aufmerksamkeit für die ganze Person schafft wahre Einheit.[375]

Wenn die Eheleute ein Leben „nach dem Geist" führen, gibt ihnen das ein tiefes Bewusstsein für die Heiligkeit des Lebens, das zu schaffen sie imstande sind.[376] Empfängnisverhütung bewirkt das Gegenteil, weil sie einen Mangel an Ehrfurcht vor dem Werk Gottes und ein mangelndes Bewusstsein für die bräutliche Bedeutung des Leibes zeigt.[377] Deshalb erklärt Johannes Paul II., dass dieser Mangel an Verständnis – in Verbindung mit den Praktiken und der Mentalität der Empfängnisverhütung – „der Gegensatz zur Spiritualität der Ehe" ist.[378]

Natürliche Empfängnisregelung (NER)

Viele fragen sich: „Wenn die Kirche gegen Verhütungsmittel ist, was sollen Paare dann tun, wenn sie einen ernsthaften Grund haben, eine Schwangerschaft zu vermeiden?" Die Antwort auf diese Frage

---

374 Vgl. TdL 132,4.
375 Vgl. TdL 132,5.
376 Vgl. TdL 101,6.
377 Vgl. TdL 132,1–2.
378 TdL 132,2.

ist die Natürliche Empfängnisregelung, die es Paaren ermöglicht, eine Schwangerschaft anzustreben oder (zeitweise) zu vermeiden, ohne dabei Verhütungsmittel zu verwenden. Anstatt sich zwar auf den Sexualakt einzulassen, dabei aber dessen lebenspendendes Potenzial zu blockieren, erhalten Paare, die NER anwenden, sowohl die fruchtbaren als auch die unfruchtbaren Zeiten ihrer Ehe als Geschenk. Wenn sie eine Schwangerschaft vermeiden oder hinausschieben müssen, leben sie während der fruchtbaren Zeit enthaltsam und bringen ihre Liebe auf nicht-genitale Weise zum Ausdruck. Durch NER können Paare so ihre Familie planen und gleichzeitig Ehrfurcht vor Gottes Geschenk der Sexualität zum Ausdruck bringen. Manche Menschen nehmen an, dass „gute" Katholiken Natürliche Empfängnisregelung anwenden, während „schlechte" Katholiken verhüten. Diese Haltung verkennt, dass die Grundeinstellung für alle Paare die Erkenntnis sein sollte, dass Kinder „das höchste Geschenk der Ehe" sind.[379]

Daher sollte NER als eine Methode zur Regulierung der Empfängnis eingesetzt werden, wenn es notwendig ist, und nicht zur Vermeidung einer Familie.[380] Verantwortungsvolle Elternschaft bedeutet

---

379 2. Vatikanisches Konzil, Pastoralkonstitution über die Kirche in der Welt von heute, 50. AAS 58, 1966, 1070–1072 [TPS XI, 292–293].

380 Vgl. Wojtyła, Liebe und Verantwortung, 357.

mehr, als Kinder zu vermeiden. Manchmal bedeutet es, mehr von ihnen zu haben![381]

Ein Grund, warum viele Paare die NER nicht anwenden, ist, dass sie Zeiten der Enthaltsamkeit in der Ehe erfordert. In der Tat gibt es Zeiten, in denen die Enthaltsamkeit in der Ehe gegen Gottes Plan verstößt. Der heilige Paulus rät den Eheleuten: „Entzieht euch einander nicht, außer im gegenseitigen Einverständnis und nur eine Zeit lang, um für das Gebet frei zu sein! Dann kommt wieder zusammen, damit euch der Satan nicht in Versuchung führt, weil ihr euch nicht enthalten könnt."[382]

Da die Vereinigung zu einem Fleisch die Erneuerung eines Sakraments und damit Ausdruck der Liebe Gottes ist, versucht der Teufel, sie zu verhindern oder zumindest zu verfälschen. Man könnte sogar behaupten, dass der Teufel ebenso verzweifelt, wie er versucht, Paare dazu zu bringen, vor der Ehe sexuell intim zu werden, im gleichen Maße daran arbeitet, sie daran zu hindern, innerhalb des Sakramentes ein Fleisch zu werden. In Bezug auf die Einheit eines Ehepaares im Allgemeinen bemerkte ein Priester: „Der Satan wagt es erst, sich zu nähern, wenn er den Mann und die Frau isoliert hat. Wenn sie zusammen sind, ist ihre Bindung so tief und un-

[381] Vgl. TdL 121,5.
[382] 1 Kor 7,5.

mittelbar im Bild Gottes verwurzelt, dass der Teufel es nicht ertragen kann. Er isoliert sie voneinander, damit er handeln kann."[383]

Dennoch sind Zeiten der Enthaltsamkeit in der Ehe manchmal notwendig und können ein tiefer Ausdruck der Liebe sein. Es geht nicht einfach nur darum, dass Paare während der fruchtbaren Zeiten ihre Liebe auf nicht-sexuelle Weise ausdrücken können, sondern dass die Enthaltsamkeit selbst ein Ausdruck der Liebe sein kann, weil sie manchmal notwendig ist, um das Beste für den anderen zu tun. Die Unfähigkeit, in der Ehe enthaltsam zu leben, offenbart deshalb einen Mangel an Liebe.

Die angemessene Anwendung der NER ist schwierig, aber mit der Hilfe Gottes ist das Opfer möglich.[384] Denn das Wissen um den Fruchtbarkeitszyklus der Frau allein schafft noch keine Selbstbeherrschung.[385] Johannes Paul II. weist darauf hin, dass dies „von der Reife des inneren Menschen abhängt".[386] Dieser Reifungsprozess kann ein schwieriger sein, besonders wenn die Eheleute vor der Ehe nicht keusch gelebt haben. Die Kirche versteht die Herausforderung, die dies manchmal für die Eheleute darstellt; aber Gottes

---

383 J. Brian Bransfield, The Human Person, 126.

384 Vgl. Humanae Vitae, 20.

385 Vgl. TdL 130,4.

386 Ebd.

Gesetze bezüglich der Weitergabe des Lebens stehen nicht im Widerspruch zu seinem Ruf zu lieben. Gottes Plan für die menschliche Liebe zu entdecken, erfordert manchmal große Opfer, aber der Papst stellt heraus, „dass *das einzige und wahre* Wohl der menschlichen Person in der Verwirklichung dieses göttlichen Planes besteht".[387]

Letztendlich geht es nicht darum, ob die Kirche das Recht hat, „im Schlafzimmer zu sein", wie manche beklagen. Vielmehr erklärt Johannes Paul II., dass sich die Familie und der Ruf an Männer und Frauen zur lebenspendenden Gemeinschaft „im Zentrum des großen Kampfes zwischen Gut und Böse, zwischen Leben und Tod, zwischen der Liebe und allem, was sich der Liebe widersetzt, befindet".[388]

Die Theologie des Leibes leben

Obwohl es herausfordernd sein kann, manche Teile der Theologie des Leibes zu verstehen, ist der Kern ihrer Lehre auf jeder Ebene des christlichen Lebens praktisch.

Für die Unverheirateten offenbart die Theologie des Leibes, dass alle Menschen aufgerufen sind, die

---

[387] TdL 120,6.
[388] Johannes Paul II., Brief an die Familien, 23.

bräutliche Bedeutung des Leibes zu leben. Man muss nicht das Sakrament der heiligen Weihe empfangen, um sich selbst durch Familienleben, Gottesdienst, Fürbittgebet, Fasten, Arbeit sowie tägliche Beziehungen und Interaktionen zum Geschenk zu machen. Genausowenig ist es notwendig, die Ehe einzugehen, um eine echte Gemeinschaft zwischen Personen zu fördern. So können beispielsweise echte Freundschaften entstehen und nicht nur virtuelle, die nur über die sozialen Medien existieren. Anstatt das Gesicht ständig in das Leuchten eines Handybildschirms zu tauchen, kann man das Handy während des Essens, während der Zeit mit der Familie oder sogar während des Gesprächs mit einem Angestellten in einem Geschäft weglegen.

In Paarbeziehungen erinnert die Theologie des Leibes die Paare daran, die Sprache des Leibes wahrheitsgemäß zu sprechen. Indem sie keusch leben, bringen sie ihre Ehrfurcht vor dem Geschenk ihrer Sexualität zum Ausdruck. Sie werden entdecken, dass diese Tugend sie nicht in ihrer Freiheit einschränkt, sondern sie frei macht zu lieben. Sie wird ihnen auch die Freiheit geben, zu erkennen, ob sie geliebt werden, denn die Keuschheit bringt die Absichten einer Person ans Licht. Es heißt zum Beispiel, dass man einen Menschen mit dem gewinnt, womit man ihn (oder sie) hält. Wenn die andere Person mit dem Reiz von (sexuellem) Vergnügen gewonnen wird, dann wird die Beziehung vergehen. Schließlich ist Vergnügen wiederholbar; man kann es aus einer beliebigen Anzahl von Quellen bekommen. Die menschliche Person ist jedoch unwiederholbar. Wenn du einen Menschen mit dem gewinnst, wer du bist, kann dieses Geschenk nicht wiederholt oder ersetzt werden.

Unabhängig von seiner Berufung ist jeder Mensch dazu gerufen, andere als Geschenk zu behandeln und sich selbst zu einem Geschenk zu machen. Selbst wenn jemand behindert und ans Haus gefesselt ist, ist es möglich, sich selbst durch Leiden zu einem Geschenk zu machen. Um dies zu tun, bitte Gott um die Gnade, deine Kreuze zu lieben, und dann bringe dein Leiden als ein Gebet für andere dar. Selbst in seiner Gebrochenheit bleibt der menschliche Leib ein Geschenk, das zur Ehre Gottes dargebracht werden kann. An seinem 65. Geburtstag schrieb Papst Johannes Paul II. ein persönliches Gebet, das der Welt ein schönes Zeugnis dafür gibt, wie man dies tun kann. Darin betet er:

> Wenn eines Tages die Krankheit meinen Geist berührt und ihn trübt, so ergebe ich mich Dir schon jetzt mit dieser Hingabe, die später in stiller Anbetung fortgesetzt werden wird. Wenn ich eines Tages liegen muss und lange bewusstlos bleibe, ist es mein Wunsch, dass jede Stunde, die mir geschenkt wird, um dies zu erleben,

> eine ununterbrochene Danksagung ist, und dass mein letzter Atemzug auch ein Atemzug der Liebe ist. Dann wird meine Seele in einem solchen Augenblick, geführt von der Hand Mariens, Dir gegenübertreten, um Deine Herrlichkeit für immer zu besingen. Amen.[389]

Manche mögen einwenden, dass es eine schwierige Aufgabe ist, die Theologie des Leibes zu leben. Aber man könnte auch sagen, dass es das Leben nur noch schwieriger macht, die Theologie des Leibes *nicht* zu leben. Wie viel einfacher wird das Leben, wenn wir erkennen, dass der Sinn des Lebens und der Weg zum Himmel in unsere Leiber als Mann und Frau eingeprägt sind? Wie viel klarer wird unser Weg, wenn wir erkennen, dass Jesus Christus, indem er Mensch wurde, uns nicht nur Gott offenbart hat – er hat uns uns selbst offenbart! In der Tat wird es Herausforderungen geben, aber mit der Gnade Gottes, so verspricht Johannes Paul II., kann jeder Mensch in der „täglichen Hoffnung" leben.[390] Man wird nicht nur über hartnäckige Laster, sondern auch über die tiefsten Regungen des Herzens einen wesentlichen Sieg erringen. Bei der Erlösung des Leibes geht es nicht nur um den Himmel.

---

389 Gebet Johannes Pauls II. in Mechelen an seinem 65. Geburtstag, 18.5.1985.

390 TdL 86,6.7.

Johannes Paul II. erinnert die Kirche daran, dass die drei wichtigsten Schlüssel zum Leben der Theologie des Leibes das Gebet, die Eucharistie und die Beichte sind.[391] Die Beichte ist nicht einfach die Beseitigung der Sündenschuld, sondern ein „Wachstum der geistlichen Kräfte für den christlichen Kampf".[392] Im Gebetstagebuch des Heiligen Vaters schreibt er: „Die Apostel aller Zeiten schöpften die Kraft zur Evangelisierung aus der häufigen Beichte. Vielleicht fehlen deshalb heute große Apostel."[393]

Durch die Eucharistie kann man in jeder Heiligen Messe Zeuge der Theologie des Leibes werden, wie Jesus mit seiner Kirche ein Fleisch wird, indem er seiner Braut seinen Leib hingibt, damit sie das ewige Leben hat. Anstatt einfach nur die Heilige Messe zu besuchen, lernt derjenige, der die Theologie des Leibes versteht, dass die Eucharistiefeier das Vorbild für das christliche Leben ist: Wie der heilige Paulus seine Leser aufruft: „Ich ermahne euch also, Brüder und Schwestern, kraft der Barmherzigkeit Gottes, eure Leiber als lebendiges, heiliges und Gott wohlgefälliges Opfer darzubringen – als euren geistigen Gottesdienst."[394]

---

391 Vgl. TdL 126,5.

392 KKK, 1496.

393 Johannes Paul II., Ich bin ganz in Gottes Hand. Freiburg i. Br., Herder, 2014, 169.

394 Röm 12,1.

Und schließlich erwidert der Christ durch das Gebet Gottes Geschenk seiner selbst an jeden Menschen. Das Gebet ist nicht bloß ein Mittel, durch das der Mensch die Gnade erlangt, die Theologie des Leibes zu leben. Das Gebet selbst muss ein tiefer Ausdruck dieser Theologie sein. Mit den Worten von Papst Johannes Paul II.:

> Gebet [kann] Fortschritte machen […]. Als wahrer und eigentlicher Dialog der Liebe kann er die menschliche Person ganz zum Besitz des göttlichen Geliebten machen, auf den Anstoß des Heiligen Geistes hin bewegt und als Kind Gottes dem Herzen des Vaters überlassen. Dann macht man die lebendige Erfahrung der Verheißung Christi: „Wer mich liebt, wird von meinem himmlischen Vater geliebt werden, und auch ich werde ihn lieben und mich ihm offenbaren" (Joh 14,21). Es handelt sich um einen Weg, der ganz von der Gnade gehalten ist und dennoch einen starken geistlichen Einsatz verlangt. Er kennt auch schmerzvolle Reinigungen (die „dunkle Nacht"), führt aber in verschiedenen möglichen Weisen zur unsagbaren Freude, die von den Mystikern als „bräutliche Vereinigung" erlebt wurde.[395]

Wenn Christen die Schönheit und Kraft der Theologie des Leibes begreifen, finden sie in ihr das Ge-

[395] Johannes Paul II., Novo Millennio Ineunte, 33.

genmittel zur Kultur des Todes, das in der Lage ist, eine neue sexuelle Revolution auszulösen. Die gute Nachricht von Gottes Plan für die menschliche Liebe ist zu gut, um sie für sich zu behalten. Sie muss weitergegeben werden. Auf den folgenden Seiten findest du zahlreiche Ressourcen und Angebote für Menschen aller Altersgruppen, um mehr über die Theologie des Leibes zu erfahren. Nutze diese, um deine Fähigkeit zu vertiefen, diese Botschaft zu verstehen und weiterzugeben. Nimm die von Papst Johannes Paul II. ausgesprochene Herausforderung an, beharrlich die Bedeutung von Männlichkeit und Weiblichkeit zu lernen, nicht nur intellektuell, sondern in deinem Herzen zu lernen.[396]

Gottes Plan für die menschliche Liebe verlangt nicht, dass wir unsere Sehnsüchte unterdrücken oder so tun, als gäbe es sie nicht, sondern dass wir ihre Gegenwart und ihre Macht anerkennen und Gott um die Kraft bitten, so zu lieben, wie er liebt. Wenn wir dies tun und den Ruf zur Liebe leben, der in unseren Leib eingeprägt ist, wird unsere Sexualität nicht etwas sein, das wir vor Gott verstecken. Vielmehr werden wir beginnen, ihn in anderen zu sehen – und sogar in uns selbst. Indem wir uns selbst zu einem Geschenk machen, kann Gott durch uns auf diejenigen strahlen, die wir lieben.

---

[396] Vgl. TdL 48,4.

Und das ist die größte Form der Evangelisierung auf Erden: Die unsichtbare Liebe Gottes sichtbar zu machen durch die Art und Weise, wie Männer und Frauen lieben.

LERNE MEHR ÜBER DIE THEOLOGIE DES LEIBES!

Deutschsprachige Angebote

- Der **Studiengang Theologie des Leibes** an der Phil.-theol. Hochschule Benedikt XVI. in Heiligenkreuz bietet innerhalb von 2 Jahren eine fundierte akademische Ausbildung zu den Katechesen Johannes Pauls II. Der als Fernstudium konzipierte Studiengang kann zu jedem Modul begonnen werden. Besuche theologiedesleibes.org.

- In der **Mediathek der Legionäre Christi** können unter anderem Vorträge von Pater George Elsbett LC, der auch beim Studiengang der Theologie des Leibes referiert hat, nachgehört werden. Besuche

  www.regnumchristi.eu/mediathek/tag/Theologie%20des%20Leibes.

- Im **Forum Wahou Österreich** werden nach französischem Vorbild Seminare und Onlinekurse zur Theologie des Leibes angeboten. Besuche www.forumwahou.at.

- Auf der Website **theologiedesleibes.de** gibt es unter anderem einen Blog, der sich mit der Theologie des Leibes befasst.

Weitere Literatur

- Birgit & Corbin Gams: Eine Vision von Liebe. Kißlegg: Fe-Medien.
- Birgit & Corbin Gams/Leo Tanner: Sexualität als Liebeskraft leben. Orientierung und Hilfen. Eggersriet: WeG Verlag.
- Mary Healy: Zurück ins Paradies. Jestetten: Miriam-Verlag.
- Carl A. Anderson & Jose Granados: Zur Liebe berufen. Eine Einführung in die Theologie des Leibes von Johannes Paul II. Kisslegg: Fe-Medien.
- Jose Granados: Der Olivenbaum des Odysseus oder die Architektur der Familie. Heiligenkreuz: Be&Be Verlag.
- Corbin Gams: Liturgie der Liebe: Die Sprache des Leibes in ihrer ganzen Tiefe. Altötting: St. Grignion Verlag.
- Dominik Schwaderlapp: Für immer Ja. Ein Kurs in Sachen Liebe. Kißlegg: Fe-Medien.
- Hrsg. Corbin Gams: Amor. Jahrbuch zur Theologie des Leibes. Heiligenkreuz: Be&Be Verlag.
- Carlo Rocchetta: Zärtlichkeit. Weg zur glücklichen Ehe. Sankt Gallen: Lumen Cordium.
- Livio Melina: Die ersten Jahre der Ehe. Die pastorale Herausforderung einer schönen und schwierigen Zeit. Heiligenkreuz: Be&Be Verlag.

Englischsprachige Angebote

- **The Cor Project** ist eine globale Mitglieder- und Outreach-Organisation, die von Christopher West gegründet wurde, um Männern und Frauen zu helfen, die Theologie des Leibes auf überzeugende und lebensverändernde Weise zu lernen, zu leben und weiterzugeben. Besuche Corproject.com.

- **Dumb Ox Ministries** arbeitet mit Teenagern, jungen Erwachsenen und Familien; sie kultivieren ihre authentische Männlichkeit und Weiblichkeit durch die Theologie des Leibes und helfen ihnen so, sich auf ihre einzigartige Berufung zu lieben vorzubereiten, sie zu erkennen und ihr nachzugehen. Besuche dumboxministries.com.

- **Into the Deep** bietet Exerzitien zur Theologie des Leibes im Freien mit Jen Messing an. Besuche idretreats.org.

- **JOYTOB** ist der internationale Lehrdienst von Damon Owens, der Seminare zur Theologie des Leibes, Konferenzen, Exerzitien und Einsätze in Gemeinden anbietet. Besuche joytob.org.

- **Das Päpstliche Institut Johannes Paul II. für Studien zu Ehe und Familie** wurde vom heiligen Johannes Paul II. als theologisches Zentrum gegründet, das sich dem Studium der Lehre der Kirche über Ehe und Familie widmet. Es bietet akkreditierte päpstliche Studiengänge sowie zivilrechtlich akkreditierte Graduiertenstudiengänge (Master-, Lizenziat- und Doktoratsstudien) an. Besuche johnpaulii.edu.

- **Ruah Woods** setzt sich für die Wiederherstellung der Familie und eine Erneuerung der Kultur ein, indem es Führungskräfte und Lehrkräfte ausbildet, damit sie die Botschaft der Theologie des Leibes verstehen, annehmen und evangelisieren können. Besuche ruahwoods.org.

- Das **Tabor Life Institute** widmet sich der Förderung der sakramentalen-liturgischen Weltsicht der menschlichen Person und der gesamten Schöpfungsordnung. Ihre Mission ist es zu helfen, Leben durch die Theologie des Leibes zu verändern. Besuche taborlife.org.

- Das **Theology of the Body Evangelization Team (TOBET)** fördert die Theologie des Leibes durch Programme und Ressourcen, die sich an Menschen aller Altersgruppen richten. Besuche tobet.org.

- **TheologyOfTheBody.net** bietet Audio- und Videopräsentationen, Bücher, Artikel und andere Ressourcen, um von einer breiten Palette von Rednern und Autoren etwas über die Theologie des Leibes zu erfahren.

- Das **Theology of the Body Institute** verbreitet die Botschaft der Theologie des Leibes durch Einkehrtage, Vorträge, Kurse auf Graduiertenniveau und Fortbildungen für Geistliche, die sich an Männer und Frauen aus allen Berufen und Lebenslagen gleichermaßen richten. Besuche TOBinstitute.org.

- Auf **chastity.com** findest du alle Neuigkeiten und neuen Beiträge in Form von Blogs und den Podcast „Lust is boring“ von Jason Evert.